역주 징비록

한국의 명저 1

역주 징비록

초판 1쇄 2024년 2월 1일
원저자 류성룡
역주자 이동환
편집주간 김종성
편집장 이상기
펴낸이 윤진성
펴낸곳 서연비람
등록 2016년 6월 29일 제 2016-000147호
주소 서울시 강남구 남부순환로 2909, 201-2호
전자주소 birambooks@daum.net

ⓒ 이동환, 2024, Printed in Korea.

ISBN 979-11-89171-71-1 43910
값 15,000원

한국의 명저 1

역주 징비록

류성룡 지음 / 이동환 역주

서연비람

차례

지은이 서문

　『징비록(懲毖綠)』이란 어떤 책인가? 임진왜란이 일어난 뒤의 일을
기록한 것이다. 그 가운데 전쟁 전의 일도 더러 기록한 것은 전쟁이
일어나게 된 배경을 자세히 밝히기 위함이다.

　아아! 임진년의 전쟁은 실로 참혹했다 두 달이 채 못 되는 동안에
서울·개성·평양이 함락되고, 팔도가 거의 모두 적에게 넘어갔으
며, 국왕이 난을 피해 서울을 떠나게 되었던 것이다.

　이러고 나서도 오늘이 있을 수 있는 것은 우리나라를 보존하라는
하늘의 뜻이요, 또한 역대 임금의 어질고 후덕한 은혜가 백성의 마
음에 굳게 맺혀 있어서, 나라를 생각하는 백성의 마음이 가시지 않
았기 때문이리라. 그리고 명(明)과의 외교에서 보인 우리 임금의 정
성이 명의 황제를 감동시켜 명의 구원병이 여러 차례 출동했기 때
문이었다. 그렇지 않았다면 정말로 위태로웠을 것이다.

　『시경』에 "내 지나간 잘못을 징계하는지라, 후환을 조심할거나."[1]
라는 말이 있다.

---

[1] 내 지나간 ~ 후환을 조심할거나: 『시경(詩經)』 「주송」 '소비'란 시의 한 구절이다. 원문은 "予
其懲 而毖後患(여기징 이비후환)"인데, "내가 징계하노니 후환을 삼갈 수 있을까"라는 뜻이
다. 이 구절에서 '징(懲)'과 '비(毖)' 두 글자를 가져와서 책 제목으로 삼았다. 『징비록』이란
제목에 지난 전쟁을 돌아보며 반성하여 다시는 이런 일이 되풀이되지 않도록 미리 조심하고
대비하려 한다는 뜻이 담겨있음을 알 수 있다.

이것이 바로 『징비록』을 지은 까닭이다.

나같이 못난 사람이 난리가 나고 국정의 질서가 무너진 가운데 국가의 중책을 맡아 위태로운 판국을 안정시키지 못하고, 넘어지는 형세를 붙잡지 못했으니 그 죄는 죽어도 용서받지 못할 것이다. 이럼에도 아직 시골구석에 살아남아서 구차하게 목숨을 이어 가고 있으니, 이 어찌 나라의 너그러운 은혜가 아니겠는가!

근심과 두려움으로 두근거리던 가슴이 조금 진정되고 나서, 지난 전쟁 동안의 일을 생각할 때마다 아닌 게 아니라 황송스러움과 부끄러움에 몸 둘 곳을 알지 못해 왔다. 이에 한가로운 가운데 그때 듣고 본 일들을 대략 기록했으니, 1592년 임진년에서 1598년 무술년 사이의 일들이다.

이어 장계2)・소차3)・문이4)・잡록5)을 그 뒤에 붙였는데, 비록 특별한 것은 없으나 역시 모두 당시의 일과 관련된 것들이라서 버릴 수가 없었다.

이것으로 초야에서나마 못내 국가에 충성을 바치려는 나의 뜻을 내보이고, 또 못난 신하로서 나라를 위해 아무 공도 이루지 못한 나의 죄를 드러내려 한다.

---

2) 장계(狀啓): 국왕이나 감사의 명령으로 지방에 파견된 관원이 국왕에게 보고하는 글.
3) 소차(疏箚): 상소문과 차자. 차자는 간단한 서식의 상소문.
4) 문이(文移): 공문. 문서.
5) 잡록(雜錄): 자질구레한 일을 질서 없이 기록함. 또는 그런 기록. 잡필(雜筆). 잡기(雜記).

징비록 1

- 전쟁 발발, 치열한 전투 현장

1 일본 사신의 이상한 언행

1586년 만력[1] 병술년(丙戌年)에 일본의 사신 다치바나 야스히로[2]가 그 나라 국왕[3] 도요토미 히데요시[4]의 서한을 가지고 왔다.[5]

그보다 2백 년쯤 전 홍무[6] 초기에 미나모토씨[7]가 일본에 나라를 세우고 우리나라와 외교 관계를 맺기 시작했는데, 처음에는 우리나라에서도 사신을 파견하여 경축하고 조문하는 예를 갖추었다. 신숙주가 서장관으로서 일본을 다녀온 것이 한 가지 보기이다.

나중 신숙주가 죽을 때에 성종께서 남기고 싶은 말이 있으면 하라고 했다. 그때 신숙주는 이렇게 대답했다.

"일본과 우호 관계를 깨뜨리지 마시기 바랍니다."

---

1) 만력(萬曆): 명(明)나라 신종의 연호. 1573년~619년.
2) 다치바나 야스히로: 귤강광(橘康廣).
3) 국왕(國王): 여기서 풍신수길(豊臣秀吉)을 국왕이라 했으나 실은 관백(關白)이었음. '관백'은 그들의 천황(天皇) 밑에서 국정을 총괄하는 최고 관직.
4) 토요도미 히데요시(豊臣秀吉).: 평수길(平秀吉).
5) 1586년 만력 ~ 가지고 왔다: 『선조실록』에는 1587년에 귤강광이 온 것으로 되어 있음.
6) 홍무(洪武): 명나라 태조(大祖)의 연호. 1368~1398. 우리나라에서는 고려가 망하고 조선이 건국되던 즈음.
7) 미나모토씨(源氏원씨, 겐지)와 타이라씨(平氏평씨, 헤이시): 미나모토씨는 게이와 천황(淸和天皇청화천황, 858~875년)이, 타이라씨는 간무 천황(桓武天皇환무천황, 781~806년)이 각각 자기 아들에게 내린 성인데, 우리나라에서는 일본의 관백을 그 조상에 관계 없이 평씨나 원씨로 불렀다.

성종께서는 신숙주의 말에 느낀 바 있어 일본과 우호를 다지기 위해 부제학 이형원과 서장관 김흔을 사신으로 파견했다. 그런데 사신들은 거센 풍랑에 시달려 쓰시마 섬8)에 이르러서는 병에 걸리고 말았다. 이런 사실을 보고하자 성종께서는 서한과 예물을 쓰시마 도주(島主)에게 맡기고 돌아오라고 하셨다.

그 뒤로는 우리 쪽에서 다시는 사신을 보내지 않았고, 일본에서 사신이 왔을 때도 그저 의례적으로 접대하는 데 그쳤을 따름이다

그러던 중 도요토미 히데요시가 미나모토씨를 대신해서 그 나라 왕이 되었다.

도요토미 히데요시란 자는, 본래 중국 사람으로서 왜국(倭國)으로 흘러 들어가 나무를 해다 팔며 살아갔는데, 어느 날 그 나라 왕이 외출을 했다가 길에서 그를 우연히 보고는 보통 사람이 아니라고 여겨서 불러다가 군대에 편입시켰다고 한다. 그는 힘이 세고 전투를 잘하여 공을 쌓아 대관(大官)이 되어 권력을 잡게 되자, 마침내는 미나모토씨의 자리를 빼앗아 왕이 되었다고 한다. 또 어떤 말로는, 미나모토씨는 다른 사람 손에 죽었고, 도요토미 히데요시가 다시 그 사람을 죽이고서 나라를 차지했다고도 한다.

그는 무력으로 일본의 여러 섬을 평정하여 66주를 하나로 통합하고는 드디어 외국을 침략할 뜻을 품게 되었다.

---

8) 쓰시마 섬: 대마도(對馬島).

"우리는 번번이 조선에 사신을 보내는데 조선에서는 우리에게 사신을 보내지 않으니 이는 조선이 우리를 멸시하는 짓이다."

도요토미 히데요시는 이렇게 말하고는 다치바나 야스히로를 보내어 우리에게도 사신을 파견하라고 요구하게 된 것이다.

그런데 다치바나 야스히로가 가지고 온 서신의 말투가 매우 거만하였는데,

"이제 천하는 짐9)의 손아귀에 들어왔다"는 말까지 있었다.

당시는 미나모토씨가 망한지 대략 10여 년이 지난 즈음이었다. 그사이에도 일본 여러 섬의 왜인(倭人)들이 해마다 우리나라를 오고 갔으나 도요토미 히데요시의 명령이 워낙 엄중하여 그런 사실을 조금도 내비치지 않았기 때문에 우리 조정에서는 전혀 모르고 있었던 것이다.

다치바나 야스히로는 그때 나이가 쉰 남짓이었는데 용모가 헌걸차고 수염과 머리카락은 반백이었다. 그는 지나는 역관(驛館)마다 반드시 가장 좋은 방에 머무르며 행동거지가 거만하여, 보통 때의 사신과는 아주 딴판이었다. 그래서 우리나라 사람들은 자못 괴이쩍게 여겼다.

---

9) 짐(朕): '짐'은 원래 신분의 귀천에 관계없이 1인칭 대명사로 쓰이던 말인데, 진시황(秦始皇) 때부터 황제가 자신을 가리키는 말로 굳어졌다. 그 후 황제 이외의 사람은 '짐'이란 말을 쓰지 못 했으며, 제후국의 왕들은 '과인'이라고 했다. 이때 풍신수길이 서한에서 자신을 가리켜 '짐'이라고 했다면 중국을 종주국으로 받들던 조선의 관점에서는 용납할 수 없는 불경(不敬) 이었다고 할 수 있다.

예부터 왜국에서 사신이 오면 그들이 지나는 고을에서는 으레 창을 든 장정들을 길 양편에 늘어세워 군사적인 위엄을 보이곤 했다. 다치바나 야스히로는 인동을 지날 때 창을 들고 늘어서 있는 장정들을 곁눈질로 보고는 웃으며 말했다.

"너희들의 창대는 너무 짧구나."

그가 상주에 도착하자 목사(牧使) 송응형이 기생들을 동원하여 성대한 잔치를 베풀어 주었다. 그는 송응형이 허약하고 머리가 허연 것을 보고 통역관을 통해 이런 말을 했다.

"이 늙은이는 오랫동안 전쟁을 치르느라 머리가 다 세었지만 사또께서는 기생들의 춤과 노래에 묻혀 아무 근심 없이 지내시는데도 백발이 되었으니 웬일이오?"

비꼬자는 의도에서 한 말이었다.

예조(禮曹)에 도착하자 판서(判書)가 주관하여 연회를 열어 주었다.

잔치가 무르녹아갈 즈음에 다치바나 야스히로가 연회석에 후추10)를 뿌렸는데, 우리나라의 기생과 악공들이 다투어 그것을 줍느라 수라장이 되었다. 다치바나 야스히로는 숙소에 돌아가 한탄하며 통역관에게 말했다.

"네 나라는 망하겠다. 기강이 이미 허물어졌으니 어찌 망하지 않기를 바라겠느냐?"

---

10) 후추: 후추나무의 열매. 호초(胡椒).

그가 돌아갈 때 우리 조정에서는 그가 가지고 온 서한에 회답만 하고 바닷길을 잘 모른다는 이유로 사신은 보낼 수 없다고 했다.

다치바나 야스히로가 저희 나라로 돌아가 보고하자 도요토미 히데요시가 있는 대로 화가 치밀어 다치바나 야스히로를 죽이고, 그의 일가붙이들까지 모조리 죽여 버렸다.

다치바나 야스히로는 그의 형 다치바나 야스토시[11]과 함께 미나모토씨 때부터 우리나라를 왕래하며 우리 조정에서 주는 직함을 받아왔다. 그래서 그의 말이 자못 우리나라를 두둔하는 투였기 때문에 도요토미 히데요시에게 처형당한 것이라 한다.

11) 다치바나 야스토시: 귤강년(橘康年).

2 통신사를 파견하다

일본의 사신 소 요시토시[1]가 왔다.[2]

도요토미 히데요시가 다치바나 야스히로를 처형하고 나서 다시 소 요시토시를 보내어 통신사[3] 파견을 요구한 것이다

소 요시토시란 자는 저희 나라 주병대장(主兵大將)인 고니시 유키나가[4]의 사위로서 도요토미 히데요시의 심복(心腹) 부하였다.

원래 쓰시마 섬의 태수(太守)는 소 모리나가[5]이었는데, 소씨[6]는 대대로 쓰시마 섬을 통치하면서 우리나라를 섬겨 왔다. 그런데 도요토미 히데요시가 소씨를 제거하고 소 요시토시에게 대신 쓰시마 섬을 통치하도록 했다.

그런데 이때 우리나라가 바닷길에 익숙하지 못하다는 이유로 통신사 파견을 거절하자, 소 요시토시를 우리나라에 보내면서

---

1) 소 요시토시: 평의지(平義智). 종의지(宗義智).
2) 일본의 사신 소 요시토시가 왔다.: 소 요시토시가 온 것은 1588년(선조 21년)임.
3) 통신사(通信使): 조선 시대 우리나라에서 일본에 파견하는 외교 사절을 통신사라고 불렀다. 통신사는 정기적으로 파견하지는 않고 대개 일본 국내에 특별한 일이 있을 때 일본의 요청에 따라 파견하였다. 통신사의 구성은 정식 외교관인 상사(上使, 정사라고도 한다.), 부사(副使), 서장관(書狀官, 임진왜란 이후 종사관으로 이름을 바꾸었다.)의 3사(使) 외에 대략 300명 정도로 구성되었다.
4) 고니시 유키나가: 소서행장(小西行長).
5) 소 모리나가: 종성장(宗盛長).
6) 소씨: 종씨(宗氏).

"소 요시토시는 바로 쓰시마 섬 도주(島主)의 아들로서 해로에 익숙하다"고 거짓말을 하고, 그와 함께 통신사를 보내라고 요구했다. 그렇게 하여 우리 측이 통신사 파견을 거절할 핑계를 대지 못하도록 하고, 또 그 기회에 우리나라의 실정을 엿보고 오도록 하자는 속셈도 있었다. 야나가와 시게노부[7]와 중 겐소[8] 등도 함께 왔다.

소 요시토시는 나이는 어려도 날래고 사나워서 다른 왜인이 모두 그를 두려워했다. 그의 앞에서는 항상 허리를 잔뜩 굽히고 기어 다니다시피 하며 감히 쳐다보지도 못했다. 그는 오랫동안 동평관[9]에 묵으면서 반드시 우리 사신과 함께 가겠다고 버티었다. 우리 조정에서는 그의 요구를 들어주자는 의견과 들어주지 말자는 의견이 엇갈려 결정을 내리지 못하고 있었다.

그보다 몇 년 전에 왜적들이 전라도 고흥군의 손죽도에 침범하여 그곳을 지키던 장수 이태원을 죽인 일이 있었다. 그때 생포한 왜적의 말로는, 사을배동(沙乙背洞)이라는 우리나라 사람이 배반하고 왜로 들어갔다가 왜적에게 길 안내를 한 것이라고 하여 조정에서는 이를 몹시 괘씸하게 여기고 있었다. 그런데 이때 누군가가 이런 의견을 내놓았다.

---

7) 야나가와 시게노부: 평조신(平調信).
8) 겐소: 현소(玄蘇).
9) 동평관(東平館): 왜의 사신이 머무르던 숙소. 지금의 서울 중구 예관동에 있었음.

"일본에게 나라를 등지고 왜에 가 붙은 자들을 먼저 송환하라고 요구합시다. 그 일이 성사되어야 통신사 문제를 논의하겠다고 하여 저들의 성의가 어느 정도인지 살펴보는 게 좋겠소."

그래서 접대를 맡고 있는 관원을 시켜 슬며시 떠보게 했다. 그랬더니 소 요시토시는 "그런 문제라면 어렵지 않다"고 말하고는, 즉시 야나가와 시게노부를 저희 나라로 보내어 보고하게 했다. 이리하여 두어 달도 채 못 되어 우리나라를 배반하고 저희 나라에 있는 자들 10여 명을 모두 잡아다 바쳤다.

임금께서 인정전에 거둥하시어 군사들에게 무기를 들고 죽 벌여서게 하고 사을배동 등을 칼을 씌워 끌고 와서 심문하시고 난 뒤 성 밖에서 처형했다.

그러고는 소 요시토시에게 궁중에서 직접 관리하는 말 한 필을 상으로 주고, 왜의 사신 일행을 직접 만나보시고 연회를 베풀어 주었다. 소 요시토시·겐소 등이 모두 궁에 들어와 차례대로 임금께 술잔을 올렸다. 당시 나는 예조 판서로 있었기 때문에 그들 일행을 위해 예조에서 연회를 열어 주었다.

그러나 통신사 파견 문제는 오래도록 결정하지 못한 채 남아 있었다. 그러는 동안에 나는 대제학10)이 되어 왜국에 보낼 국서(國書)

---

10) 대제학(大提學): 홍문관·예문관의 으뜸 벼슬 정2품. 외국과 주고받는 외교문서 등은 대제

를 써야 했으므로 빨리 논의를 결정하여 두 나라 사이에 공연한 분쟁을 만들지 말아야 한다고 아뢰었다. 그 이튿날 조강[11]에서 지사[12] 변협 등도 통신사를 파견하여 저들에게 답하고, 또 저들의 동정을 살피고 오게 하는 것도 나쁘지는 않을 것이라고 건의했다.

이리하여 조정의 의논에 겨우 결론이 나고, 사신으로 보낼 만한 사람을 가리라는 명이 내렸다. 대신들이 첨지[13] 황윤길과 사성[14] 김성일을 각각 상사(上使)와 부사(副使)로 추천하고, 전적[15] 허성을 서장관으로 추천했다. 1590년 경인년 3월에 드디어 통신사 일행이 소 요시토시 등과 함께 출발했다.

당시 소 요시토시는 공작 두 마리와 조총, 창, 칼 등을 바쳤다. 임금께서는 공작은 남양 앞바다의 섬에 놓아주라고 명하시고, 조총은 군기시[16]에 내려보내셨다. 우리나라에서는 이때 처음으로 조총을 갖게 되었다.

학이 맡아서 씀. 유성룡은 선조 21년(1588년)부터 양관 대제학을 겸하고 있었음.

11) 조강(朝講): 아침에 하는 경연. 경연은 본래 경연관이 왕에게 유교의 경전 등을 강론하는 자리이나 이 자리에서 국가의 중요한 문제에 대해 논의하기도 했다. 아침에 하는 조강과 함께 낮에 하는 주강(晝講), 저녁에 하는 석강(夕講)이 있어 하루 세 차례씩 하게 되어 있었으나, 경우에 따라 거르기도 했다.

12) 지사(知事): 각 관서의 실무를 맡은 벼슬로 관서에 따라 정2품에서 종3품에 이르기까지 다양해서 단순히 '지사'라는 칭호만으로 어느 벼슬인지 바로는 알 수 없음.

13) 첨지(僉知): 첨지중추부사(僉知中樞府事)의 약칭. 근 왕조 때 중추부에 속한 2품 당상관(堂上官)으로 정원은 8명임.

14) 사성(司成): 성균관의 종3품 벼슬. 지금의 국립대학교수와 비슷한 직책.

15) 전적(典籍): 성균관의 정6품 벼슬로 학생을 지도하는 일을 맡아봄.

16) 군기시(軍器寺): 무기의 제조와 관리를 맡았던 관아.

3 통신사 일행의 엇갈린 보고

  1591년 신묘년 봄에 통신사 황윤길과 김성일 등이 일본에서 돌아왔다. 왜인 야나가와 시게노부와 겐소도 함께 왔다.

  황윤길 등은 그 전해 4월 29일에 부산포에서 배를 타고 출발하여 쓰시마 섬에 당도하여 한 달이나 머물렀다. 그런 다음 쓰시마 섬에서 다시 뱃길로 40여 리를 가서 이키 섬1)에 이르렀고, 하카다슈2), 나카토슈3), 나고야4) 등지를 거쳐 7월 22일에야 비로소 왜의 수도에 도착했다. 왜인들이 일부러 길을 에둘렀고, 또 이르는 곳마다 머물며 날짜를 끌었기 때문에 여러 달이 걸린 것이다

  쓰시마 섬에 있을 때 소 요시토시가 우리 사신들을 산사(山寺)에 초대하여 연회를 연 일이 있었다. 사신들이 모두 연회 장소에 와서 자리에 앉아 있는데, 소 요시토시가 뒤늦게 가마를 탄 채로 대문 안으로 들어왔다. 그는 섬돌까지 와서야 가마에서 내렸다. 이에 김성일이 성을 내어 호통을 쳤다.

  "쓰시마 섬은 우리나라의 번신이다5). 사신이 왕명을 받들고 왔는

---

1) 이키 섬: 일기도(壹岐島). 일본 규슈와 쓰시마 섬 사이에 있는 섬.
2) 하카다슈: 박다주(博多州).
3) 나카토슈: 장문주(長門州).
4) 나고야: 낭고군(浪古郡). 북규수의 나고야(名護屋)을 이름.
5) 쓰시마 섬은 우리나라의 번신이다: '번신(藩臣)'은 왕실을 받들어 호위하는 신하란 뜻이다.

데, 어찌 감히 이렇게 무례하게 군단 말인가. 나는 이런 연회는 받을 수 없다."

그러고는 즉시 일어나 나왔다. 허성 등도 따라 나왔다. 그러자 소요시토시는 가마를 메고 온 하인들에게 허물을 덮어씌워 그들을 죽이고 그 머리를 받들고 와 사과했다.

이런 일이 있은 뒤로 왜인들은 김성일을 공경하고 두려워하여 더욱 예의를 차려 대우하고, 그를 멀리서 바라보기만 해도 말에서 내렸다.

왜의 수도에 당도해서는 큰 사찰에 숙소를 정했다.

마침 도요토미 히데요시는 동산도(東山道)를 공략하러 나가고 수도에 없었다. 두어 달이 지나서야 도요토미 히데요시가 돌아왔다. 그는 돌아와서도 궁실을 수리한다는 핑계를 대고 우리 쪽의 국서를 즉시 받지 않았다. 이래저래 숙소에 묵은 지 5개월 만에야 비로소 왕명을 전달할 수가 있었다.

그 나라에선 천황을 모시고, 도요토미 히데요시 이하 모두가 천황 앞에서는 신하의 예를 갖추었다.

도요토미 히데요시는 제 나라에서는 '왕'이라 하지 않고 '관백'이라고만 일컬었으며, '박륙후'라고도 했다. '관백'이란 "모든 정사를

조선 세종 때 대마도(對馬島)을 정벌한 뒤부터 대마도(쓰시마 섬)는 해마다 우리나라에 조공을 바치고, 우리 조정에서 대마도 도주(島主)에게 관직을 내려 주었으므로 이렇게 불렸다.

3 통신사 일행의 엇갈린 보고

먼저 광에게 보고한 뒤에야 천자에게 아뢴다"6)는 『한서(漢書)』 '곽광전霍光傳'의 말에서 따와 호칭으로 삼은 것이다.

우리 사신을 영접할 때에 그는 사신들이 가마를 탄 채로 궁궐에 들어와도 좋다고 허락했다. 그래서 피리며 날라리를 앞세우고 들어가서 당(堂)에 올라가 예를 차렸다.

도요토미 히데요시는 왜소하고 못생겼으며 낯빛이 새까만 게 보통 사람과 다른 특이한 데는 없으나, 눈빛만은 번쩍번쩍하여 어딘지 모르게 사람을 쏘는 듯했다고 한다.

우리 사신들을 영접할 때 그는 사모(紗帽)를 쓰고 검정 도포를 입고 삼중석(三重席)을 깔고 남쪽을 바라보고 앉았다. 신하 두엇이 자리에 있다가 우리 사신들을 인도하여 좌석에 앉게 했다. 연회에 필요한 그릇이나 물건은 차려 놓지 않고, 그저 앞에다 탁자 한 개를 놓고 그 한가운데에 떡 한 그릇이 놓여 있을 뿐이었다. 그러고는 질중발로 술을 돌렸는데, 술도 탁주였다 그 예라는 것이 몹시 간단하여, 두어 차례 술을 돌리고는 그만이었다. 배(拜)하고 읍(揖)하고 잔을 주고받는 따위의 절차도 없었다.

얼마간 있다가 도요토미 히데요시는 느닷없이 일어나서 안으로

---

6) 모든 정사를 ~ 천자에게 아뢴다: 諸事普先關白光(제사보선관백광), 然後奏御天子(연후주어천자). '관백(關白)'은 '보고(報告)'라는 뜻이다. 모든 정사를 황제에게 아뢰기 전에 먼저 곽광에게 보고한 뒤에 황제에게 아뢰었으므로 곽광은 실권을 장악할 수밖에 없었다. 일본에서는 평안조(平安朝) 때 태정대신이 바로 곽광과 같은 실권을 장악했으므로 '관백'을 관직명으로 쓰게 되었다. 박륙후도 곽광의 봉호(封號)를 그대로 가져다 쓴 것이다.

들어가 버렸다. 좌석에 있는 사람들은 아무도 일어나지 않았다. 조금 뒤 평상복을 입은 사람이 어린아이를 안고 안에서 나와 당 안을 서성였다. 바로 도요토미 히데요시였다. 그 자리에 있던 사람들은 그저 꿇어 엎드릴 뿐이었다. 이윽고 도요토미 히데요시는 마루에 나와 우리나라의 악공들을 부르더니 여러 가지 음악을 연주하게 하여 들었다. 마침 안고 있던 어린아이가 오줌을 싸자, 도요토미 히데요시는 웃으며 시중드는 사람을 불렀다 한 여자가 즉시 달려 나왔다. 도요토미 히데요시는 그녀에게 어린아이를 건네주고는 다른 옷으로 갈아입었다.

이처럼 그는 마치 눈앞에 아무도 없다는 듯 제멋대로 행동했다.

우리 사신들은 그 자리를 하직하고 나온 뒤로 그를 다시 만나지 못했다. 그는 상사와 부사에게 각각 은 4백 냥씩을 선물하고, 서장관·역관 이하에게도 등급에 따라 차이를 두어 선물을 주었다.

우리 사신들이 돌아올 때가 다가오는데도 그는 답서(答書)를 써 주지 않고 사람부터 먼저 출발하라고 했다. 그러자 김성일이 항의했다.

"우리는 사신으로서 국서를 받들고 왔다. 때문에 답서를 받지 않고 돌아간다는 것은 왕명을 저 초야에 내버리고 가는 격이다."

그러나 상사인 황윤길은 억류라도 당할까 봐 두려워했다. 그래서 서둘러 출발하여 계빈(界濱)에 와서 답서를 기다렸다. 얼마 후 답서가 겨우 오기는 했으나 그 내용이 무례하여 우리가 바라던 것과는 크게 달랐다. 김성일은 그 답서를 바로 받아들이지 않고 몇 차례나 고치게 한 다음에야 받아 가지고 떠났다.

사신들이 지나는 곳마다 왜인들이 선물을 했지만, 김성일은 모두 물리치고 받지 않았다.

황윤길은 부산포에 도착하자 장계를 올려 왜국의 상황을 보고하고, 반드시 전쟁이 있을 것이라고 했다.

사신 일행이 서울로 돌아와 보고하자 임금께서는 이들을 만나보시고 물었다. 황윤길은 먼저 말한 대로 반드시 전쟁이 있을 것이라고 대답했는데 김성일의 대답은 달랐다.

"신은 그런 일이 있을 징조를 보지 못했습니다."

이어서 황윤길이 인심을 동요시키는 것은 타당한 일이 아니라고 말했다. 이리하여 조정 신료들이 일부는 황윤길을 지지하고 일부는 김성일을 지지했다.

나는 김성일에게 물어보았다.

"그대의 말이 황윤길의 말과 다른데, 만일 전쟁이 일어난다면 어떻게 하겠는가?"

"나 역시 왜가 끝내 움직이지 않으리라고 어찌 장담하겠는가. 다만 황윤길의 말이 너무 지나쳐서 조정 안팎이 놀라고 당혹해할까 봐 그 점을 우려하여 해명한 것일 뿐이네."

4 왜의 답서와 우리의 갈등

당시 왜의 답서에는 이런 말이 있었다.

군사를 거느리고 조선을 건너뛰어 명나라로 쳐들어가겠다.

나는 즉시 자세한 내용을 명나라 조정에 보고해야 한다고 주장했다. 그런데 영의정[1]은 생각이 달랐다.

"명나라 조정에서 우리가 왜국과 몰래 내통하고 있다고 나무랄 수도 있으니 차라리 덮어 두는 것이 낫다."

그래서 나는 다음과 같이 주장했다.

"하나의 국가로 존립하면서 어떤 일이 있어서 이웃 나라와 왕래하는 것은 피할 수 없는 일입니다. 성화[2] 연간에도 일본이 우리를 통하여 중국에 조공할 길을 찾은 적이 있었는데, 그때 우리가 즉시 사실대로 보고했더니 중국에서 칙서(勅書)를 내려 회답해 주었습니다. 이런 일들은 이처럼 이미 전례가 있는 일로서 오늘날 처음 있는 일이 아닙니다. 지금 이 사실을 감추고 보고하지 않는 것은 대의에

---

1) 영의정(領議政): 당시 영의정은 이산해(李山海)였음.
2) 성화(成化): 명나라 헌종(憲宗)의 연호. 1465년~1487년.

비추어 보아도 옳지 않습니다. 더군다나 왜적이 실제로 명나라를 침범할 계획이 있어서 이 사실이 다른 경로를 통하여 보고된다면 명나라 조정에서는 도리어 우리나라가 왜적과 한마음이 되어 사실을 숨겼다고 의심할 것입니다. 그렇게 되면 그 책망은 우리가 명나라 조정이 모르는 가운데 왜국에 통신사를 보냈다는 정도에 그치지는 않을 것입니다."

조정에는 내 의견에 찬성하는 사람이 많았다. 그리하여 김응남 등을 파견하여 명나라 조정에 보고하게 했다.

마침 그때 중국의 복건(福建) 사람 허의후(許儀後)·진신(陳申) 등이 왜국에 포로로 잡혀 있으면서 왜의 형편을 본국에 은밀히 알렸다. 이어서 유구국(流球國)의 세자 상녕(尙寧)도 사신을 보내어 왜국의 소식을 보고했다. 그런데 유독 우리나라에서만 사신이 오지 않자, 명나라 조정에서는 우리가 왜국과 결탁이라도 하지 않았나 의심하여 논의가 자자하던 참이었다. 각로3) 허국(許國)만이 전에 우리나라에 사신으로 다녀간 적이 있던 터라 우리를 두둔했을 뿐이었다.

"조선은 지성으로 우리를 섬겨 왔으므로 결코 왜와 한패가 되어 배반하지는 않을 것이니 우선 기다려 보도록 하자."

그 뒤 오래지 않아 김응남 등이 보고서를 가지고 당도했으므로

---

3) 각로(閣老): 명나라 때 재상(宰相) 또는 한림학사(翰林學士) 중 황제의 명령서를 작성하는 사람을 일컫기도 함. 허국은 후자인 듯하다.

허공(許公)은 대단히 기뻐했고, 명나라 조정의 논의도 비로소 말끔하게 정리되었다고 한다.

5 곳곳에 성을 쌓다

우리 조정에서는 왜가 어떻게 나올지 걱정하기 시작했다. 그래서 국경 수비에 대해 잘 아는 정3품 이상의 신료들을 뽑아 남부 지방인 경상·충청·전라도를 순찰하며 대비하게 했다. 그래서 김수를 경상 감사(慶尙監司)에, 이광을 전라 감사(全羅監司)에, 윤선각을 충청 감사(忠淸監司)에 각각 임명하여 무기를 갖추고 성을 수축하게 했다.

경상도에서 특히 많은 성을 쌓았는데, 영천·청도·삼가·대구·성주·부산·동래·진주·안동·상주의 좌우 병영(兵營)을 새로 짓기도 하고 더 크게 고치기도 하였다.

당시는 오랫동안 전쟁 없이 편안하게 살아왔던 터라서 온 나라가 안일에 젖어 백성들은 힘든 일에 동원되는 것을 싫어했다. 그래서 이런 갑작스러운 공사에 백성들의 원망 소리가 길에 가득했다.

합천 사람 이로는 나와 같은 해에 과거에 합격하여 전적(典籍)을 지낸 사람이다. 그가 나에게 편지를 보내어 "성을 쌓는 것만이 좋은 방법은 아니다"고 하며 이렇게 말했다.

"삼가는 앞에 정진 나루가 막혀 있는데 왜적이 날아서 건너겠는 가? 무엇 때문에 부질없이 성을 쌓느라고 백성을 괴롭히는가?"

도대체 만 리 바다가 앞에 놓였어도 왜적을 막지 못하는데 허리띠 같이 좁은 강물 한 줄기가 가로 놓였다고 해서 왜적이 건너지 못할 것이라 단정하니 참으로 엉성한 생각이다. 당시 사람들의 논의가 대체로 이런 식이었다. 홍문관에서도 글을 올려 논란을 벌였다.

그렇기도 하려니와 경상도와 전라도에서 쌓은 성도 모두 성으로서 제 기능을 다할 수 있게 하기보다는, 성을 그저 넓고 크게 하여 가급적 많은 사람을 수용하자는 방향으로만 힘을 썼다. 예를 들면 진주성 같은 경우는 본래 험한 지형을 이용하여 만든 성이기 때문에 수비하기가 좋았는데, 이때에 성이 작다고 하여 동쪽으로 옮겨서 아래로 평지에까지 연결하여 쌓았다. 나중에 왜적이 바로 그 새로 쌓은 곳을 통해 성안으로 들어갈 수 있어서 마침내 성을 지키지 못했으니 참으로 답답한 노릇이었다.

성이란 작더라도 튼튼하게 쌓아야 제 기능을 할 수 있는데 오히려 넓고 크게 하는 데만 힘을 쏟은 것이다. 당시 사람들의 생각이 대개 이런 식이었다.

군사 정책에서도 장수 선발이나 군사들의 훈련 방법 같은 근본 문제가 어느 것 하나 제대로 된 것이 없어서 결국 전쟁에 지고 말았다.

6 이순신을 수군절도사로 임명하다

정읍 현감(井邑縣監) 이순신(李舜臣)을 전라 좌도(全羅左道) 수군절도사(水軍節度使)로 승진시켰다.

이순신은 용기가 있고 지혜도 있었으며, 말타기·활쏘기를 잘했다.

그가 조산만호[1]로 있을 때의 일이다. 당시 북쪽 국경 부근에 분쟁이 잦았는데, 이순신이 계략을 써서 배반한 오랑캐 우을기내(于乙其乃)를 꾀어내어 체포해서는 병영으로 보내어 처형해 버렸다. 그런 뒤로 오랑캐들의 침범이 그쳤다.

당시 순찰사[2] 정언신이 이순신에게 두만강 하류 녹둔도에 있는 둔전[3]을 보호하라고 했다. 안개가 자욱이 낀 어느 날, 군인들은 모두 추수하러 나가고 책(柵) 안에는 단지 10여 명이 남아 있었다. 그런데 별안간 오랑캐의 기병들이 사방에서 몰려들었다. 이순신은 책문을 닫고 책 안에서 직접 유엽전[4]을 연달아 쏘아 적 수십 명을 말

---

1) 조산만호(造山萬戶): 함경북도 경흥(慶興)에 딸린 조산진의 만호.
2) 순찰사(巡察使): 각도 안의 군사 업무를 순찰하는 벼슬. 관찰사가 겸임함.
3) 둔전(屯田): 변경이나 군사 요지에서 군량을 확보하기 위해 설치한 토지로, 농민들에게 경작시키고 수확량의 일부를 바치게 하는 경우도 있고, 군인들이 직접 경작하는 경우도 있었다. 둔전을 경작하는 군인을 둔전군이라 하는데, 이들은 평상시에는 농사를 지으면서 교대로 훈련을 받고 전쟁이 나면 직접 전투를 하는 농경 부대였다.
4) 유엽전(柳葉箭): 끝이 버들잎처럼 생긴 화살.

에서 떨어뜨렸다. 그러자 오랑캐들은 놀라서 달아나기 시작했다. 그것을 보고 이순신이 책문을 열고 나가서 말을 타고 소리치며 추격하자 오랑캐 떼는 무너져 달아나고 말았다. 이순신은 오랑캐들이 약탈해 갔던 것들을 모두 빼앗아 가지고 돌아왔다.

그렇건만 조정에서 그를 밀어주는 사람이 없어서 무과에 급제한 지 10여 년이 되도록 뽑혀 쓰이지 못하다가 처음으로 정읍 현감이 되었다.

이즈음 왜국의 움직임이 날로 급박해져 가자, 임금께서는 비변사5) 신료들에게 각자 장수가 될 만한 인재를 추천하라고 명하셨다. 그래서 내가 이순신을 천거하여 드디어 정읍 현감에서 수사6)로 발탁된 것이다. 사람들 중에는 그의 갑작스런 승진에 대해 의아해하는 이도 있었다.

당시 조정에 있는 무장(武將) 중에서는 신립과 이일이 가장 유명했고, 경상 우병사 조대곤은 늙고 용기가 없어서 병사의 역할을 제대로 해낼 수 없으리라 걱정하는 사람이 많았다. 그래서 나는 경연에서 조대곤 대신 이일을 경상 우병사로 삼자고 아뢰었다. 그러자 병

---

5) 비변사(備邊司): 조선 시대 국방 관련 업무를 맡기 위해 설치한 문무합의기구로 처음에는 특별한 일이 있을 때만 소집하는 임시 기구였다. 삼포왜변이 일어난 1517년(중종 12년)에 처음 설치되고, 1555년(명종 10년)에 상설기구가 되었다가, 임진왜란을 거치면서 기구가 강화되고 권한도 크게 확대되었다. 이후 비변사는 군사 업무뿐 아니라 모든 국정(國政)을 다루게 되고, 이에 따라 최고 행정기관인 의정부와 육조는 제 기능을 잃고 유명무실해지게 되었다.
6) 수사(水使): 수군절도사(水軍節度使)의 준말.

6 이순신을 수군절도사로 임명하다

조 판서 홍여순이 반대했다.

"뛰어난 장수는 서울을 지키게 해야 하므로 이일은 보낼 수 없습니다."

나는 다시 아뢰었다.

"모든 일은 미리 준비해야 합니다. 군사를 다스리고 왜적을 막는 일은 더더욱 갑작스럽게 결정해서는 안 되는 일입니다. 일단 왜적이 쳐들어오게 되면 이일을 보내지 않을 수 없을 것인데, 이왕 보낼 바에는 차라리 하루라도 더 일찍 가서 미리부터 준비를 서둘러 왜적의 침략에 대비하게 하는 것이 유리할 것입니다. 일이 닥치고 나서 갑자기 장수를 내려가게 해보아야 그 도의 사정을 잘 알지 못할 뿐 아니라 군사들 각각의 능력도 모를 것입니다. 이 점은 군사 전략에서 피하는 일로서 반드시 후회하게 될 것입니다."

그러나 임금께서는 아무런 대답을 주시지 않았다.

나는 또 비변사에 나와서 여러 사람과 의논하고, 예전에 시행했던 진관법7)을 되살려서 군사를 배치하자고 아뢰었다. 그 내용은 대략 이러하다.

---

7) 진관법(鎭管法): 각 도에 절도사가 주재하는 주진(主鎭)을 두고 그 밑에 거진을 설정하여 첨절제사가 이끌었다. 첨절제사는 각 고을의 수령이 맡았다. 각 진관은 자체적으로 군사를 양성해 두었다가 유사시에는 그 고을의 수령이 자기 군사를 거느리고 자기 고을을 지키는 체제이다. 각 진은 평소에는 주진의 통제를 받았으나 유사시에는 독자적으로 작전권을 행사할 수 있어서 한 진관이 싸움에 져도 다른 진관이 그 공백을 메워서 싸우게 하는 등 연계적인 체제로 형성되었다. 그러나 한지역의 군사 수가 너무 적어서 대규모적의 침략에는 효과적으로 대응하지 못하는 단점이 있었다.

건국 초기에는 각 도의 군사들을 모두 진관에 나누어 배치해 두어서 무슨 일이 생기면 진관에서 각기 자기 진(鎭)에 소속된 읍의 군사들을 통솔하여 차례대로 정돈하여 장수의 지휘를 받게 했다. 경상도의 경우를 예로 들면 김해·대구·상주·경주·안동·진주, 이 여섯 곳이 진관이 된다. 설사 적이 침입하여 한 진관의 군대가 싸움에 지더라도 다른 진관들이 차례대로 군사들을 다잡아 굳게 지키면 전체가 휩쓸려 무너지는 상태까지는 가지 않는다.

그런데 지난 을묘년의 왜변8)이 있은 뒤에 김수문이 전라도에 있으면서 처음으로 군사 편제를 고치기 시작했다. 도내 여러 고을의 군대를 나누어 순변사9)·방어사10)·조방장11)·도원수12), 그리고 그 도의 병사, 수사들에 흩어 소속시키는 방식이 바로 그것으로, '제승방략13)'이라고 이름을 붙였다. 다른 여러 도에서도 이 방식을 본받았다.

---

8) 을묘년(己卯年)의 왜변(倭變): 명종(明宗) 10년(1555년) 왜적이 전라도 남쪽 지방을 침범한 사건.
9) 순변사: 변경의 군사 관련 업무를 시찰하기 위해 파견했던 왕의 특사.
10) 방어사: 조선 왕조 때 군사적 요지(要地)에 파견했던 관직의 하나. 정식 명칭은 병마방어사 또는 수군방어사임. 해당지방수령이 겸임하였음.
11) 조방장: 해당지방수령으로서 무재(武才)가 있는 사람에게 주던 직임(職任). 일이 있을 때만 임명되었음.
12) 도원수: 고려·조선 왕조의 전시에 군대를 통솔하던 고위 무관직. 대개 문관의 최고관이 임명되어 임시로 군권을 부여받고 군대를 통솔하였음.
13) 제승방략(制勝方略): 조선 명종 때부터 도입된 국방 제도. 진관법과는 반대로 일단 적의 침략을 받으면 각 고을의 수령이 자기 휘하의 군사를 거느리고 전투가 벌어지는 지역으로 이동해서 중앙에서 내려오는 장수의 지휘를 받게 하는 방식이다. 그러나 임진왜란 때에 소집 명령을 받은 수령들이 달아나 버리는 등 이 방법이 실효를 거두지 못 했기에 그 후 폐지되었다.

6 이순신을 수군절도사로 임명하다

이리하여 '진관'이란 명칭은 남아 있으나 실제로는 서로 유기적으로 연결되어 있지 않아서 일단 위급한 사태가 벌어지는 날에는 필시 주변 지역의 군대가 한꺼번에 출동하여, 지휘관도 없는 군대들이 앞질러 들판에 모여 천리 밖에 있는 장수가 오기만을 기다리게 된 것이다. 만약 장수가 때맞춰 도착하지 못하고 적의 선봉이 먼저 다가오게 되면 군사들은 놀라고 겁에 질리게 될 것이니, 이는 무너질 수밖에 없는 도리다. 군대가 한 번 무너지면 다시 모으기는 어렵다.

이렇게 된 뒤에 장수가 온들 누구를 데리고 전투를 할 것인가? 그러니 선조들이 썼던 진관법을 재정비하는 것이 좀 더 유리할 것이다. 그렇게 되면 평상시에는 훈련시키기가 쉽고 일이 생겼을 때에는 즉시 불러 모을 수 있으며, 또 가까이 있는 진과 관이 서로 응원하고 이웃한 진과 관이 서로에게 힘이 되어 하루아침에 맥없이 무너지는 지경에까지는 이르지 않아 모든 것이 순조로울 것이다.

이 사안을 도에 내려보냈더니, 경상 감사 김수가 제승방략을 적용해온 지가 이미 오래되어 갑자기 고칠 수가 없다고 하여 나의 건의는 마침내 보류되고 말았다.

7 신립의 큰소리

1592년 임진년 봄에 신립과 이일을 지방에 파견하여 변방의 수비 태세를 살펴보게 했다. 이일은 충청도와 전라도로 가고, 신립은 경기도와 황해도로 갔다.

둘 다 한 달가량 지나서 돌아왔으나 그동안 점검한 것은 활과 화살, 창칼뿐이었다. 각 고을에서도 대부분 형식만 갖추어 법을 피하기에 급급했을 뿐 별달리 좋은 방비책이 없었다.

신립은 본래 성격이 잔인하고 포악하기로 소문이 나 있었다. 그는 이르는 곳마다 사람을 죽여 위엄을 세웠다. 그래서 각 고을의 수령들이 그를 두려워하여, 백성을 징발하여 그가 지나갈 길을 닦고 연회도 아주 호화판으로 열어주었다. 대신의 행차라 하더라도 그렇게 어마어마할 수는 없을 정도였다.

지방 순시를 마치고 돌아와 보고하고 나서 4월 1일 신립은 우리 집으로 나를 찾아왔다.

"조만간 전쟁이 터지면 공이 큰 책임을 맡아야 할 것이오. 공의 생각으로는 오늘날 적의 군사력이 어떻다고 보시오?"

내가 이렇게 물었더니 신립은 매우 가볍게 보고 대답했다.

"우려할 것 없습니다."

나는 이렇게 말해 주었다.

"그렇지가 않소. 전에는 왜적의 무기라고 해야 칼이나 창 따위가 고작이었으나, 지금은 조총과 같은 좋은 무기까지 있어 업수이 볼 수가 없소."

그러자 신립은 거침없이 말했다.

"비록 조총을 가지기야 했지만 쏘는 대로 다 맞기야 하겠소?"

나는 다시 이렇게 답해주었다.

"우리나라는 전쟁을 안 한 지 오래되어 군사들이 나약해져 있소. 실제로 전쟁이 일어난다면 버티기가 매우 어려울 것이오. 몇 년이 지나 사람들이 군사 일에 익숙해지면 그럭저럭 수습할 수 있을지 모르나 전쟁 초기에는 매우 걱정스럽소."

그러나 신립은 내 말이 무슨 뜻인지를 도무지 깨닫지 못하고 가 버렸다.

1583년 계미년에 신립이 온성 부사로 있을 때의 일이었다. 오랑캐들이 종성을 포위했는데 신립이 달려가 구원했다. 그때 그는 10여 명 정도의 기병만을 거느리고 돌격해 들어가 오랑캐들이 포위를 풀고 물러나게 한 일이 있다. 이 일을 계기로 조정에서는 신립이 대장감이라 하여, 그를 승진시켜 북병사로 삼았다가 다시 평안 병사에 임명했다. 얼마 뒤에는 품계를 정2품 자헌대부로 올려 주었으며, 머지않아 병조 판서에 임명하려는 단계에까지 이르렀다. 그래서 그는 잔뜩 자신감에 차서, 꼭 조괄1)이 진(秦)나라를 얕잡아 보듯, 일에 대해 두려워하는 기색이 조금도 없어 생각 있는 사람은 다들 걱정스러워했다.

8 전쟁 발발, 각 성은 힘없이 무너지다

경상 우병사 조대곤을 해임시키고 왕명으로 승지 김성일을 그 자리에 임명했다. 비변사에서는, 김성일이 문신이라서 이런 시기에 변방의 군사 업무를 맡기기에는 적합하지 않다고 여쭈었으나 들어주시지 않았다.

김성일은 드디어 하직하고 임지로 갔다.

4월 13일 왜군이 침범해 왔다. 부산포가 함락되고 첨사 정발이 전사했다.

그 전에 왜의 사신 야나가와 시게노부와 겐소 등이 우리 통신사와 함께 와서 동평관에 묵고 있을 때의 일이다. 비변사에서 황윤길과 김성일 등에게 개인 자격으로 술과 안주를 준비해 가지고 가서 그들을 위로하고, 조용히 그 나라의 일을 물어보고 그 실정을 알아내게 하여 대응할 계획을 세우자고 청했다. 임금께서 허락하셨다.

김성일이 동평관에 갔더니, 겐소가 은밀히 말해 주었다.

"중국이 오랫동안 일본과 관계를 끊고 조공할 길을 터주지 않아 도요토미 히데요시가 이 일을 분하고 수치스럽게 생각하여 전쟁을

---

1) 조괄(趙括): 중국 전국 시대 조(趙)나라 사람. 병법을 배워 천하에 자기를 당할 사람이 없다고 자부하다가 진(秦)나라 장수 백기(白起)에게 격파되어 죽었다.

일으키려 하고 있소. 조선이 이런 사정을 먼저 중국에 알려서 일본이 조공할 길을 열어 준다면 아무 일 없이 넘어가겠고, 일본의 백성역시 전쟁의 고통을 겪지 않아도 될 것이오."

김성일 등이 이에 대해 대의명분을 들어 꾸짖고 타일렀다. 그러나 겐소는 더욱 방자하게 굴며 말했다.

"옛날 고려가 원나라 군대를 인도하여 일본을 친 적이 있으니 일본이 조선에 대해 그 원수를 갚으려 하는 것은 당연한 일입니다."

이런 일이 있은 뒤로 다시는 그들을 방문하지 않았고, 얼마 후 야나가와 시게노부와 겐소도 돌아가 버렸다

1591년 신묘년 여름에 소 요시토시가 또 부산포에 와서 그곳 장수들에게 말했다.

"일본이 명나라와 외교 관계를 맺으려고 합니다. 만약 조선이 이를 명나라에 알려 주면 다행이겠으나, 그러지 않으면 두 나라의 우호 관계는 깨질 것입니다. 이것은 중대한 문제이므로 미리 알려 드립니다."

장수들이 이 사실을 조정에 보고했으나, 당시 조정의 여론은 왜국에 통신사를 파견한 것이 잘못이었다고 한창 탓하고 있는 터였고, 또 그자의 무례함에 노하여 회답을 하지 않았다. 소 요시토시는열흘 남짓이나 배를 대놓고 기다리다가 앙심을 품고 그대로 돌아가버렸다.

이런 일이 있은 뒤로 왜인들이 다시는 부산포에 오지 않았다. 또

왜관1)에는 왜인이 항상 수십여 명씩 묵고 있었는데 그들도 차츰차츰 제 나라로 돌아가 왜관이 거의 텅 비게 되었다. 그래서 사람들이 괴이쩍게 생각하고 있었다.

4월 13일, 왜적의 군함이 쓰시마 섬으로부터 새까맣게 바다를 덮으며 몰려와 끝이 보이지 않을 정도였다.

부산 첨사 정발은 마침 부산 앞바다에 있는 절영도에 사냥을 나갔다가 이 광경을 보고는 허둥지둥 성안으로 들어왔으나, 왜병이 뒤따라 상륙하여 사방에서 구름처럼 모여들었다. 얼마 지나지 않아 성은 함락되고 말았다.

경상 좌수사 박홍은 적이 어마어마하게 많은 걸 보고는 싸워 볼 엄두도 내지 못한 채 성을 버리고 달아나 버렸다.

왜적은 군사를 나누어 서평포와 다대포2)를 각각 함락시켰다. 다대포 첨사 윤흥신은 힘껏 싸우다 전사했다.

경상 좌병사 이각은 이 소식을 듣고 병영으로부터 동래로 들어왔으나, 부산포가 함락되자 겁을 집어먹고 어찌할 바를 몰라 했다. 그는 성 밖에 있으면서 성안의 군대와 호응하여 적을 견제하겠다고

---

1) 왜관(倭館): 조선 시대 우리나라에 온 일본인들이 머물면서 외교 업무나 무역을 하도록 설치한 관사(官舍). 태종 7년(1407년)부터 부산포와 내이포에 왜관을 설치하고 서울에는 동평관을 설치하여 우리나라에 오는 일본인들이 숙소로 이용하도록 하였다. 그 이후 일본과의 관계에 따라 왜관은 일시 폐쇄되기도 하고 세 곳, 혹은 네 곳으로 늘어나기도 하는 변화가 있었다. 임진왜란 직전에는 다른 곳의 왜관은 모두 폐쇄되고 부산포의 왜관만 남아 있었다.
2) 서평포와 다대포: 동래부에 딸렸던 진(鎭).

핑계를 대고, 성에서 나가 소산역3)으로 물러나 진을 치려고 했다. 부사(府使) 송상현이 남아서 함께 성을 지키자고 만류했으나 이각은 듣지 않고 성을 나갔다.

15일, 왜적은 동래성에 바짝 다가왔다. 송상현이 성의 남문에 올라가 군사들을 지휘하여 싸운 지 반나절 만에 성은 함락되고 송상현은 꿋꿋이 버티고 앉은 채 적의 칼날을 받고 죽었다. 왜인들도 그가 죽음으로 성을 지키려 한 점을 높이 사서 그의 시체를 관에 넣어 성 밖에다 묻고는 표지를 세워 주었다. 이렇게 되자 각 고을은 풍문만 듣고도 지레 무너져 갔다.

밀양 부사 박진은 동래에서 돌아와 작원의 좁은 길목에서 적을 막으려 했다. 적은 양산을 함락시키고 작원에 이르렀는데, 수비병이 있음을 보고는 산의 배후에 붙어 개미 떼처럼 흩어져 고지로 올랐다. 길목을 지키던 아군은 이 광경을 바라보고는 모두 흩어져 버렸다. 그러자 박진은 밀양으로 되달려 와 군기 창고에 불을 지르고는 성을 버리고 산으로 들어갔다.

이각은 다시 병영으로 돌아와서는 먼저 그의 첩을 성에서 피난시켰다. 그러자 성안의 인심이 흉흉해지고, 군사들은 하룻밤 사이에도 너덧 차례나 놀라서 술렁거렸다. 이각은 결국 새벽에 몸을 피해 달아나 버리고 군대는 뿔뿔이 흩어지고 말았다.

---

3) 소산역: 동래부에 딸렸던 역.

왜적은 진로를 나누어 승승장구 연달아 고을들을 함락해 갔다. 그러나 아군 측에서는 한 사람도 감히 대항하는 자가 없었다.

김해 부사 서예원은 성문을 닫고 성을 지켰는데, 적은 성 밖의 보리를 베어다 해자(垓字)를 메웠다. 보릿단은 잠깐 사이에 성 높이에 닿았고 적은 이를 딛고 올라 성벽을 타 넘고 들어왔다. 초계 군수이 아무개가 먼저 달아나고 서예원도 뒤이어 성을 나갔다. 성은 결국 함락되고 말았다.

순찰사 김수는 진주에 있다가 왜적이 침범했다는 소식을 듣고 동래를 향해 달려갔다. 그러나 중도에서 적병이 이미 가까이 왔다는 말을 듣고는 더 나아가지 못하고 도로 우도(右道)로 달아났다. 그는 어찌해야 할지 갈피를 잡지 못하고 단지 여러 고을에 격문을 보내 백성에게 적을 피하라고 권고할 뿐이었다. 이로 말미암아 온 도가 텅 비게 되어 더욱 어찌할 수가 없이 되었다.

용궁 현감 우복룡은 그 고을의 군사를 거느리고 병영으로 가는 길에 영천의 길가에서 밥을 먹고 있었다. 그때 방어사에 소속되어 상도(上道)를 향해 가는 하양 군사 수백 명이 그 앞을 지나갔다. 우복룡은 군사들이 말에서 내리지 않은 채 자기 앞을 지나가는 걸 괘씸하게 생각하여 그들이 반란을 일으키려 한다며 트집을 잡았다. 하양 군사들이 병사의 공문을 꺼내 보이며 자기들에 대해 확인을 시키려 했으나, 우복룡은 제가 거느린 군사들에게 눈짓하여 그들을 포위하고는 한 사람도 남김없이 살해하여, 시체가 들에 가득했다.

그런데 순찰사는 우복룡이 도리어 공로를 세웠다고 보고했다.

　그래서 우복룡은 정3품 통정대부가 되고, 정희적을 대신해서 안동 부사까지 되었다. 뒷날 그 하양 군사들의 유족인 고아·과부들이 사또가 새로 부임해 올 때마다 말머리를 가로막고 원통함을 호소했으나, 우복룡이 그 당시 명성이 있었기 때문에 아무도 그 억울함을 풀어주지 않았다고 한다.

9 무장들의 전선 투입

17일 이른 아침에 다급한 상황을 알리는 보고가 처음 들어왔다. 경상 좌수사 박홍이 올린 장계였다.

대신들과 비변사의 관료들이 빈청[1]에 모여서 임금 뵙기를 청했으나 임금께서는 만나 주시지 않았다.

즉시 이일을 순변사에 임명하여 중로[2]로 내려가게 하고, 성응길을 좌방어사(左防禦使)에 임명하여 좌도[3]로 내려가게 하고, 조경을 우방어사에 임명하여 서로[4]로 내려가게 하고, 유극량을 조방장(助防將)에 임명하여 죽령을 지키게 하고, 변기를 조방장에 임명하여 조령을 지키게 했다. 경주 부윤 윤인함은 문신으로 나약하고 겁이 많으므로 그를 해임하고 상을 당해 벼슬에서 물러나 있던 전 강계 부사 변응을 지레 탈상하게 하여 경주 부윤에 임명했다. 그리고 각자가 군관[5]을 뽑아서 데리고 가도록 하자고 아뢰었다.

조금 뒤 부산포가 함락되었다는 보고가 또 들어왔다. 당시 부산

---

1) 빈청(賓廳): 궁중에 있는, 대신이나 비변사의 당상관들이 모여 회의하던 곳.
2) 중로(中路): 조령으로 통하는 길인 듯.
3) 좌도(左道): 죽령으로 통하는 길인 듯.
4) 서로(西路): 추풍령으로 통하는 길인 듯.
5) 군관(軍官): 조선 왕조 때 각 군영에 딸린 장교(將校). 무과를 치지 않은 한량(閑良)이나, 무과 급제 출신자 또는 전직 무관 중에서 뽑음.

포는 왜적에게 포위되었으므로 사람들이 오가지 못해 소식을 들을 수가 없었다. 그래서 박홍의 장계에는 단지 이렇게만 되어 있었다.

높은 곳에 올라가 바라보니 성안에 붉은 깃발이 가득합니다.

이것으로 미루어 부산포가 함락되었음을 알았던 것이다.

이일이 서울의 정예 군사 3백 명을 데리고 가려고 병조(兵曹)에서 대상자 명단을 가져다 보았더니, 모두가 무예 경험이 없는 민간인이었고 각 관아의 아전과 유생이 반이나 됐다. 임시로 점검을 해보니, 유생(儒生)은 갓을 쓰고 시권(試券)을 들고, 서리는 평정건6)을 쓰고 나와서는 제각기 징병을 면제해달라고 호소하여 데려갈 만한 자가 없었다. 그래서 이일은 왕명을 받은지 사흘이 되도록 출발하지 못하고 있었다. 할 수 없이 이일을 먼저 떠나게 하고, 별장7) 유옥이 뒤따라 군사를 인솔해 가기로 했다.

나는 병조 판서 홍여순이 맡은 일을 제대로 해내지 못하고, 군사들의 원망을 많이 받는 사람이므로 교체해야 한다고 아뢰었다. 그리하여 김응남이 대신 병조 판서에 임명되고 심충겸이 참판에 임명되었다.

---

6) 평정건(平頂巾): 각사(司)의 서리(書吏)가 쓰던 앞쪽 위가 평평한 건.
7) 별장(別將): 조선 왕조 때 용호영(龍虎營)의 종2품의 주장(主將). 또는 용호영 이외의 각 영의 정3품 당상(堂上)의 벼슬.

대간8)에서, 대신 중에서 적당한 사람을 뽑아 체찰사9)로 삼아서 장수들을 감독하고 격려하게 해야 한다고 아뢰었다. 영의정이 왕명을 받고 나를 추천했다. 나는 김응남을 부사에 임명해 달라고 청했다.

전 의주 목사 김여물은 무예가 뛰어나고 지혜도 있는 사람인데 당시 어떤 사건에 연루되어 옥에 갇혀 있었다. 나는 임금께 아뢰어 그를 풀어주어 내가 데려갈 수 있게 했다. 그리고 무사 중에 비장10)이 될 만한 자를 모집하여 80여 명을 뽑았다.

얼마 지나지 않아 잇달아 다급한 소식이 들어왔다. 왜적의 선봉이 이미 밀양·대구를 거쳐 곧 조령 아래에까지 접근하리라는 소식이었다. 나는 김응남과 신립에게 물었다.

"적이 이미 이렇게 깊숙이 침범했으니 사태가 급하게 되었소. 장차 어떻게 해야 되겠소?"

신립은 이렇게 말했다.

"이일이 전방에 나가 있는데 그를 지원할 후속 부대가 없습니다. 체찰사께서 내려가시기는 하나 직접 전투를 하는 장수는 아니십니

---

8) 대간(臺諫): 조선 왕조 때 간언(諫言)을 맡아 하는 관리로 사헌부(司憲府)와 사간원(司諫院)의 벼슬을 통틀어 이르는 말.
9) 체찰사(體察使): 지방에 군란(軍亂)이 있을 때 왕을 대신하여 그 지방에 나아가 일반 군무를 두루 총괄하던 임시 벼슬. 재상이 겸임함.
10) 비장(裨將): 감사·유수(留守)·병사·수사, 그리고 외국에 보내는 사신들에게 따라다니는 관원의 하나. 막객(幕客). 막료(幕僚).

다. 먼저 맹장을 내려보내 이일을 지원할 계책을 마련하는 게 좋지 않겠습니까?"

가만히 보니 신립은 자신이 가서 이일을 지원하고 싶은 눈치였다. 나는 김응남과 함께 임금을 뵙고 신립의 말대로 아뢰었다. 임금께서는 즉시 신립을 불러 물어보시고, 드디어 신립을 도순변사11)에 임명하셨다.

신립은 대궐 밖으로 나가서 자신이 직접 무사를 모집했으나, 따라나서는 사람이 아무도 없었다.

그때 나는 중추부12)에서 떠날 채비를 차리고 있었다. 신립이 나 있는 곳에 왔다가 뜰에 응모자들이 빽빽이 들어선 광경을 보고는 매우 언짢은 기색을 했다. 그러고는 김응남 판서를 가리키며 말했다.

"이런 분을 데리고 가 보아야 대감께 무슨 도움이 되겠습니까? 제가 대감의 부사(副使)가 되어 함께 가고 싶습니다."

나는 신립이 무사를 모집해도 자기를 따라나서는 사람이 없는 데에 심사가 매우 언짢아 있음을 알고 있었다. 그래서 웃으며 말했다.

"다 같은 나랏일인데 어찌 이것이니 저것이니 따지겠소? 영공13)

---

11) 도순변사(都巡邊使): 순변사는 각 도의 군사 업무를 시찰하기 위해 파견하는 왕의 특사이다. 보통은 한 도의 업무만을 살피게 하는데, 여기서는 여러 도의 일을 총괄하여 맡겼으므로 도순변사라고 했다. 당시 신립은 삼도 도순변사에 임명되었다.
12) 중추부(中樞府): 조선 왕조 때 일정한 사무가 없는 현직 문무 당상관을 대우하기 위해 있던, 관서, 광화문 남쪽 오른편에 있었음

은 갈 날이 급박하니 내가 모집한 군관들을 먼저 데리고 가시오. 나는 또 따로 모집해 데리고 가리다.”

그러면서 군관의 명단을 그에게 넘겨주었다. 신립은 뜰에 서 있는 무사들을 돌아보며 ‘따라와!’ 하고는 데리고 나갔다. 무사들은 모두 머쓱한 표정으로 따라갔다. 김여물도 그와 함께 떠났으나 속으로는 썩 내키지 않는 기색이었다.

신립이 떠날 때에 임금께서 그를 불러 보시고 보검을 내려 주시며 말씀하셨다.

“이일 이하 명령에 복종하지 않는 자가 있거든 이 칼을 쓰시오.”

신립은 임금께 하직하고 나와 빈청으로 가서 대신들에게 인사를 했다. 그런데 그가 막 계단을 내려서려는데 머리에 쓰고 있던 사모(紗帽)가 갑자기 땅에 떨어졌다. 이를 본 사람들은 실색을 했다.

그는 용인에 이르러 장계를 올렸는데 자기 이름을 빠뜨리고 쓰지 않았다. 사람들은 그가 심란해서 그랬을 거라고 생각하기도 했다.

---

13) 영공(令公): 상대방을 높여 부르는 말.

10 김성일을 사면하다

경상 우병사 김성일을 체포하여 옥에 가두라고 했다가, 그가 서울에 도착하기 전에 죄를 용서하고 다시 초유사[1]로 임명했다. 그리고 함안 군수 유숭인을 우병사에 임명했다.

김성일은 처음 우병사에 임명되어 임지로 가는 도중 상주에 이르러 왜적이 이미 침범해 왔다는 소식을 듣고는 밤낮없이 본영을 향해 달려갔다. 도중에 전임자 조대곤을 만나 인장(印章)과 부절을 바꾸었다[2]. 당시 적은 이미 김해를 함락하고 군대를 나누어 우도(右道)의 고을들을 노략질하고 있었다. 김성일은 계속 나아가다가 왜적과 맞닥뜨렸다. 아군의 장수와 군사들이 도망치려 하자, 김성일은 말에서 내려 걸상에 버티고 앉아 군관 이종인을 불러 말했다.

"너는 용사다. 적을 보고서 먼저 물러설 수는 없다."

그때 적군 하나가 금가면을 쓰고 칼을 휘두르며 돌진해 왔다. 이종인이 말을 달려 나가며 활을 쏘아 단번에 죽여 버렸다. 그러자 나

---

1) 초유사(招諭使): 난리가 났을 때 백성을 난리 평정에 협조하도록 타이르는 일을 맡은 임시 벼슬.
2) 부절(符節)을 바꾸었다: 부절은 지방에 파견하는 관리에 주던 일종의 인식표이다. 돌·대나무·옥 따위로 만들며, 둘로 갈라서 한쪽은 조정에 보관하고 한쪽은 본인에게 주었다. 지방관을 새로 임명하여 내려 보낼 때에는 조정에 보관하던 것을 주어, 그것을 전임자가 가진 것과 맞추어서 확인한 뒤 서로 바꾼다. 그런 뒤 전임자가 그것을 조정에 반납한다.

머지 왜적들은 달아나고 감히 더 전진해 오지 못 했다. 김성일은 흩어졌던 군사들을 불러 모으고, 각 고을에 격문을 보내어 적을 견제할 계책을 세웠다.

그런 참에 임금께서는 김성일이 전에 일본 통신사로 갔다 와서 왜적이 쉬이 쳐들어오지 않을 것이라고 말하여 인심을 해이케 하고 나랏일을 그르쳤다고 하여 의금부 도사3)를 파견하여 체포해 오게 한 것이다. 일이 장차 어떻게 될지 모르는 판국이었다.

경상감사 김수가 김성일이 체포되어 서울로 간다는 소식을 듣고 길에 나가 작별했다. 김성일의 말투는 몹시 흥분돼 있었으나 진심으로 나라를 걱정하는 마음이 북받쳐 개인적인 문제에 대해서는 한마디도 하지 않았다. 오로지 김수에게 힘을 다해 왜적을 토벌하라고만 신신당부했다. 그걸 보고 늙은 아전 하자용이 감탄하며 말했다.

"자기가 죽게 되었는데도 아랑곳하지 않고 오직 나라만을 걱정하시니 참으로 충신이다."

김성일이 직산에 이르렀을 즈음 임금께서 노여움을 푸셨다. 그리고 김성일이 경상도 백성과 군사들에게 신임을 얻고 있음을 아시고 그의 죄를 용서하고, 우도 초유사(右道招諭使)에 임명하여 도내의 백

---

3) 의금부 도사(義禁府都事): 의금부는 조선 왕조 때 임금의 명령을 받들어 반역죄·강상죄(綱常罪) 등 중죄를 저지른 죄인을 추국(推鞫)하는 일을 맡아보던 관아. 도사는 의금부의 한 벼슬. 시대에 따라 종5품, 6품, 8품, 9품의 여러 가지 품계로 나누어짐.

성들을 잘 타일러 군사를 일으켜 적을 토벌하라고 하셨다

유숭인은 전공(戰功)이 있었기 때문에 군수에서 병사(兵使)로 발탁
했던 것이다.

11 김늑을 경상좌도 안집사로

첨지 김늑을 경상좌도 안집사[1]에 임명했다.

당시 감사 김수는 우도에 있었는데, 적병이 좌도(左道)로 통하는 길에 쫙 깔려있어 좌도와는 소식을 주고받을 수가 없었다. 그래서 수령들이 모두 고을을 버리고 달아나고 이에 따라 민심도 흩어져 있었다. 조정에서 이런 사정을 듣고서, 김늑이 영천포 사람으로 경상도의 사정을 잘 파악하고 있으므로 민심을 안정시킬 수 있으리라고 여겨 임금께 건의하여 파견한 것이다.

김늑이 좌도에 도착하자 백성들이 그제야 조정의 지시를 따라 차츰 다시 모여들었으며, 영천·풍기 두 고을에는 적군이 오지 않았음에도 의병이 많이 일어났다고 한다.

------

1) 안집사(安集使): 국가에 변고가 일어났을 때 민심을 안정시키고 어울리게 하는 임시 벼슬.

12 순변사 이일의 허망한 패배

왜적이 상주를 함락했다. 순변사 이일은 패전하고 충주로 도망쳤다.

처음에 경상도 순찰사 김수는 왜적이 침략했다는 소식을 듣고 즉시 제승방략(制勝方略)의 편제법대로 각 고을에 연락하여 각각 소속 군대를 인솔하고 약속된 장소에 모여 서울에서 장수가 내려올 때까지 기다리게 했다.

이 지시에 따라 문경 이하 고을의 수령들은 모두 각자 그들의 군대를 인솔하고 대구로 가서는 냇가에서 노숙하며 며칠 동안 순변사가 오기를 기다렸다. 그런데 순변사가 오기도 전에 적군이 점차 가까이 왔다.

군사들은 놀라서 술렁거리고 때마침 큰비까지 내렸다. 옷이 모두 비에 젖고 군량마저 끊어지자 군사들은 밤사이 뿔뿔이 흩어지고 말았다. 수령들도 겨우 자기 몸만 빠져나와 도망쳐 돌아가 버렸다

순변사가 문경에 들어왔을 때는 고을은 이미 텅 비어 한 사람도 볼 수가 없었다. 순변사는 직접 창고의 곡식을 꺼내 자기가 거느리고 온 사람들에게 먹이고 나서 함창을 거쳐 상주에 도착했다. 목사(牧使) 김해는 출참[1]에서 순변사를 바라지한다는 핑계를 대고 나가 산중으로 도망쳐 버리고, 판관[2] 권길이 홀로 남아 고을을 지

키고 있었다. 이일은 군사를 집합시켜 두지 않았다고 권길을 질책하고, 뜰에 끌어내어 처형하려 했다. 권길은 자신이 나가 군사를 불러 모아 오겠다고 애원하여 겨우 죽음을 면했는데, 밤을 새워가며 마을을 뒤져서 아침에 수백 명을 모아 왔으나 모두가 농부들이었다.

이일은 상주에 머물면서 하루는 창고를 열고 곡식을 꺼내어 흩어진 백성들을 불러 모았다. 그래서 산골에 숨어 있던 백성들이 한 사람 한 사람 모여와 다시 수백 명이 되었다. 이리하여 갑작스레 군대를 편성하긴 했으나 제대로 전투를 할 수 있는 자는 한 사람도 없었다.

그때 왜적은 이미 선산까지 와 있었다. 저녁 무렵에 개령현 사람한 명이 와서 적군이 이미 바짝 가까이 왔다고 알려 주었다. 그러나이일은 군사들을 혼란스럽게 만든다고 하여 그 사람을 죽이려 했다.

그 사람은 하소연하며 부르짖었다.

"저를 우선 옥에 가두십시오. 내일 아침까지 왜적이 오지 않으면그때 죽여도 늦지 않을 것입니다."

이날 밤에 적군은 이미 장천에 와서 주둔했다. 장천은 상주에서

---

1) 출참(出站): 사신(使臣)·감사(監司) 등을 맞이하고, 곡식·말[馬] 등을 제공하기 위해 그들이 묵는 역과 가까운 역에서 사람을 내보내는 일. 또는 그 역을 가리키기도 함.
2) 판관(判官): 조선 왕조 때 감영(監營)·유수영과 큰 고을에 둔 종5품 벼슬.

12 순변사 이일의 허망한 패배

20리 거리밖에 되지 않는다. 그러나 이일의 군중에는 척후병도 세우지 않았기 때문에 왜적이 이렇게 가까이 와도 모르고 있었다.

이튿날 아침에 오히려 왜적이 아직 나타나지 않았다 하여 그 개령 사람을 옥에서 끌어내어 죽이고는 군사들에게 조리돌렸다.

그리고 나서 이일은 상주에서 모은 백성들과 서울에서 온 장졸을 합하여 겨우 8, 9백 명을 거느리고 상주의 북쪽 냇가에서 진법(陣法)을 연습시켰다. 산을 의지하여 진을 치고 진 한 가운데에다 대장기(大將旗)를 세우고, 이일은 갑옷을 입고 말을 탄 채로 대장기 밑에 서 있었다. 종사관3) 윤섭과 박지, 판관(判官) 권길, 사근 찰방4) 김종무 등은 모두 말에서 내려 이일이 탄 말 뒤편에 서 있었다.

조금 있으려니 숲에서 사람 두엇이 나와 이리저리 둘러보고 돌아갔다. 이것을 본 사람들은 적의 척후일지도 모른다고 생각했으나, 앞서 개령 사람이 당한 일 때문에 겁을 먹고 아무도 감히 이일에게 알리지를 못 했다. 조금 지나서 성 안 곳곳에서 연기가 오르는 것이 보였다.

이 일은 그제야 군관 한 명을 시켜 알아보고 오게 하였다.

그 군관은 말에 척 걸터앉아 역졸 두 사람에게 고삐를 잡히고 느릿느릿 가는데, 미리 다리 밑에 숨어 있던 왜병이 조총으로 군관을

---

3) 종사관(從事官): 조선왕조 때각 군영(軍營)과 포도청(捕盜廳)의 종6품 벼슬.
4) 사근 찰방(沙斤察誌): 찰방은 조선 왕조 때 각 역에서 역참의 일을 맡아보던 외직의 종6품 문관 벼슬. 사근은 함양(咸陽) 동쪽 16리 지점에 있던 역.

쏘아 떨어뜨리고 그 머리를 베어 갔다. 아군은 이 광경을 보고는 넋이 나갔다.

조금 뒤 적군이 대대적으로 몰려왔고, 10여 자루의 조총으로 쏘아 대니 맞았다 하면 넘어져 죽었다. 이일은 다급하게 군사들에게 활을 쏘라고 호령했으나, 화살은 겨우 수십 보 정도 날아 가다가는 떨어져 버려 왜적을 맞힐 수가 없었다. 왜적은 이미 좌우 두 갈래로 갈라져서 깃발을 들고 아군을 앞뒤에서 포위해 들어왔다.

이일은 사태가 급박함을 깨닫고 말을 돌려 북쪽을 향해 달아났다. 그러자 군사의 대열은 걷잡을 수 없이 어지러워지고, 각자 목숨을 부지할 요량으로 도망쳤으나 거기서 탈출해 나온 자는 몇 사람 되지 않았다. 종사관 이하 미처 말에 올라타지 못한 사람들은 모두 왜적에게 살해되었다.

적군은 이일을 바짝 추격해 갔다. 이일은 다급한 나머지 말을 버리고 옷을 벗어 던지고 머리를 풀어 헤치고는 알몸으로 도주했다. 그는 문경에 이르러서야 종이와 붓을 찾아 패전한 상황을 보고하는 장계를 올렸다.

그러고는 물러나 조령을 지키려 하다가 신립이 충주에 주둔해 있다는 소식을 듣고는 마침내 충주로 달려갔다.

13 피할 수 없는 임금의 피난

우의정 이양원을 도성(都城)을 지키는 수성 대장(守城大將)에 임명하고, 이전과 변언수를 각각 경성의 좌위장[1]과 우위장에 임명하고, 상산군 박충간을 경성 순검사[2]에 임명하여 도성을 수리하게 하고, 상중인 김명원을 불러들여 도원수에 임명하여 한강을 지키게 했다.

이일의 패전 소식이 들어온 뒤 서울의 인심도 흉흉해졌다. 임금과 측근들 사이에서는 이미 서울을 버리고 피난할 생각이 있었던 모양이나 조정에서는 이를 알지 못하고 있었다.

이마[3] 김응수가 빈청에 와서 영의정과 귀엣말을 주고받고는 나갔다가 다시 왔다. 이를 본 사람들은 수상하게 생각했다. 왜냐하면 영의정은 당시 사복시 제조[4]를 겸하고 있었기 때문이었다.

도승지 이항복이 손바닥에다 "입마영강문내"[5]라고 여섯 자를 써서 내게 보였다.

---

1) 위장(衛將): 각지에 있는 전묘(殿廟)를 지키는 일을 맡은 벼슬.
2) 순검사(巡檢使): 국가적인 토목사업 등을 순시하며 검사·감독하는 임무를 맡은 임시 벼슬.
3) 이마(理馬): 조선 왕조 때 사복시의 정6품 벼슬.
4) 사복시 제조(司僕寺提調): 사복시(司僕寺)는 조선 왕조 때 궁중의 수레·말·마구·목마 등의 일을 맡아보던 관아. 제조는 각 사(司) 또는 청(廳) 등의 관제상(官制上)의 우두머리가 아닌 사람이 그 관아의 일을 다스리게 하던 벼슬로서 종1품 또는 정2품의 품계를 가진 사람이 되는 경우를 일컬음. 정1품이 되는 경우는 도제조(都提調), 정3품의 당상이 불리는 경우는 부제조(副提調)라고 함.
5) 입마영강문내(立馬永康門內): 영강문 안에 말을 세운다.

대간들이 영의정 이산해가 나랏일을 그르친다고 탄핵하고, 그를 파면해야 한다고 청했으나 윤허하시지 않았다.

종친6)들이 합문7)밖에 모여 통곡을 하며 서울을 버리지 말라고 호소했다.

영부사8) 김귀영은 더욱 흥분하여 대신들과 함께 들어가 임금을 뵙고는 서울을 끝까지 지켜야 한다고 건의했다. 그는 또 이렇게 말했다.

"서울을 버리자고 앞장서서 주장하는 자는 소인입니다."

임금께서는 이렇게 대답하셨다.

"종묘사직이 이곳에 있는데 내가 어디로 가겠느냐."

그래서 사람들은 모두 물러 나왔다. 그러나 상황은 어찌할 수가 없었다. 백성과 공사 노비·각 관아의 아전, 그리고 삼의사9) 소속의 인원을 징발하여 성첩10)을 나누어 지키게 했다. 그러나 성첩은 3만여 개나 되는데 맡아 지킬 인원은 겨우 7천 명밖에 되지 않았고, 이들조차도 대부분이 오합지중11)으로 모두 기회만 있으면 성을 타

---

6) 종친(宗親): 임금의 친족.
7) 합문(閤門): 편전의 앞 문.
8) 영부사(領府事): 영중추부사(領中樞府事)의 줄임말. 조선 왕조 때 중추부의 으뜸 벼슬인 영사(領事). 정 1품 무관 벼슬임.
9) 삼의사(三醫司): 조선 왕조 때의 3대 의료 기관. 왕실의 의약을 맡은 내의원, 양반을 위한 전의감, 평민을 위한 혜민서를 아울러 일컫는 말.
10) 성첩(城堞): 성가퀴. 성 위에 낮게 쌓은 담. 몸을 숨겨 적을 감시하거나 공격하는 곳.
11) 오합지중(烏合之衆): 까마귀가 무질서하게 몰려 있다는 뜻으로, 임시로 모여들어서 규율이 없고 무질서한 병졸 또는 군중. 오합지졸(烏合之卒).

넘고 달아날 마음뿐이었다.

책임을 맡고 있는 군사들은 물론 병조에 소속된 정규의 군인들이었지만 그들도 아전들과 짜고 서로 농간을 부려 뇌물을 받고 슬그머니 놓아 보내는 사례가 허다했다. 그렇건만 관원들도 그들이 가버리거나 남아 있거나 묻지는 않았다. 모두가 위급한 일을 당했을 경우 쓸 수가 없는 위인들이었다. 군병에 관한 행정이 해이하기가 한결같이 이 지경에 이르렀던 것이다.

대신들이 왕세자를 세워서 흩어지는 인심을 다잡자고 건의했다. 임금께서는 이에 따르셨다.

14 실패로 끝난 교섭 시도

동지사[1] 이덕형을 왜군과 교섭할 사자로 파견했다.

상주 전투에서 패배하여 후퇴할 때 일본어 통역관인 경응순이란 이가 이일의 부대에 끼어 있다가 왜적에게 포로가 되었다. 왜의 장수 고니시 유키나가[2]가 도요토미 히데요시가 보낸 문서와 예조에 보내는 공문 한 통을 경응순에게 주어서 우리 측에 전하게 했다. 경응순을 보내면서 그는 다음과 같이 말했다.

"동래에 있을 때 울산 군수를 생포하여 서계를 주어 보냈으나 지금까지 회답이 없다.(울산 군수는 이언성이다. 그는 적의 진중에서 돌아와 문책당할까 겁이 나서 스스로 적진에서 도망쳐 왔노라 말하고, 그 공문은 숨기고 전하지 않았다. 그래서 우리 조정에서는 그런 사실을 모르고 있었던 것이다.) 조선이 만약 강화할 생각이 있다면 이덕형을 보내어 이달 28일에 충주에서 나와 만나게 하는 것이 좋을 것이다."

특별히 이덕형을 지적한 것은, 이덕형이 전에 선위사[3]로서 왜의 사신을 접대한 적이 있었기 때문이다. 그래서 고니시 유키나가가

---

1) 동지사(同知事): 조선 왕조 때의 종2품 관직. 돈녕부에 2명, 의금부에 1~2명, 경연에 3명, 성균관에 2명, 춘추관에 2명, 중추부에 8명, 삼군부에 약간 명을 두었음.
2) 고니시 유키나가: 소서행장(小西行長). 평행장(平行長).
3) 선위사(宣慰使): 여기서는 왜의 사신에 대해 우리나라 임금의 위로의 뜻을 베푸는 사자. 본래 는 난리 또는 큰 재해가 있은 후에 왕명을 받들어 백성들의 고통을 위로하던 임시 벼슬.

그를 만나보려는 것이었다.

경응순이 서울에 와서 고니시 유키나가의 글과 말을 전했다. 당시 사정이 워낙 급박하여 어떻게 대처해야 할지 선뜻 대책이 서지는 않았으나 어쩌면 이 일을 계기로 왜군의 진격을 늦출 수도 있지 않을까 하는 생각이 들었다. 이덕형도 가겠다고 자청하고 나섰다. 그래서 예조에서 답서를 쓰고, 이덕형은 그것을 가지고 경응순을 데리고 갔다.

그런데 도중에 충주가 이미 함락되었다는 소식이 들렸다. 이덕형은 먼저 경응순을 보내어 사정을 알아보고 오게 했다. 그러나 경응순이 적장 가토 기요마사[4]에게 살해당했기 때문에 이덕형은 중도에서 길을 돌리고 평양에 가서 임금께 보고했다.

---

4) 가토 기요마사: 가등청정(加籐清正).

15 평안·황해의 민심을 달래다

형혹성이 남두성을 침범했다.[1]

경기·강원·황해·평안·함경 등의 군사를 징발하여 서울 방위를 지원하게 했다

이조 판서 이원익을 평안도 도순찰사[2]에, 지사 최흥원을 황해도 도순찰사에 각각 임명하고, 모두 그날로 출발시켰다.

그 무렵 임금께서 서도 지방으로 옮겨야 한다는 의견이 있었다. 그런데 이원익은 과거 안주 목사로 있을 때, 최흥원은 황해 감사로 있으면서 모두 정치를 잘하여 백성에게 좋은 인상을 남겼다. 그래서 이들을 먼저 보내 백성의 마음을 잘 달래서 파천에 대비하자는 의도에서였다.

---

1) 형혹성(炎惑星)이 남두성(南斗星)을 침범했다: 임금의 신변에 큰 변고가 생기거나 나라에 재앙이 일어날 조짐이다. 형혹성은 화성으로 전쟁이나 재난을 예고하며, 남두성은 28수 중 남쪽에 있는 여섯 개의 별로 이루어진 국자 모양의 별자리로 제왕의 수명, 재상의 작록을 상징한다.
2) 도순찰사(都巡察使): 조선 왕조 때 지방에 큰 변고가 생겼을 때 파견하는 임시 군직(軍職)의 하나. 2품 이상의 관원으로 임명함.

16 도순변사 신립의 무참한 패배

적군이 충주에 진격해 들어왔다. 신립은 적을 맞아 싸우다 패전하여 전사하고, 아군은 무참히 궤멸되었다.

신립이 충주에 당도했을 때 충청도 각 고을에서 모여든 군사가 8천여 명이었다.

신립은 처음에는 조령을 지킬 계획이었는데 이일이 패배했다는 소식을 듣고는 넋을 잃고 충주로 갔다. 그러고는 이일과 변기 등의 장수를 모두 충주로 불러들였다.

천험(天險)의 요새를 버리고 지키지 않을 뿐 아니라 호령만 번거롭고 요란스러워, 사람들은 그가 패배할 수밖에 없음을 예상했었다.

그가 평소에 가까이하던 한 군관이, 왜적이 이미 조령을 넘어섰다고 몰래 귀띔해 주었다. 이때가 4월 27일 초저녁이었다. 이 말을 듣고 신립은 갑자기 성을 뛰쳐나갔다. 그것을 보고 군사들이 술렁댔다. 그가 어디로 갔는지 알 수 없었다. 그는 밤이 깊어서야 몰래 객사로 돌아와서는 이튿날 아침 그 군관이 망령되이 거짓말을 했다고 하며 처형해 버렸다. 그러고 나서 장계에는 이렇게 적었다.

왜적은 아직 상주를 떠나지 않았습니다.

신립은 그때 적군이 이미 10리 안의 지점에 와 있었음을 알지 못했던 것이다.

이어 신립은 부대를 이끌고 나가서 탄금대 앞 두 강물 사이에 진을 쳤다. 그곳은 주변에 논이 많고 수초가 뒤얽혀 있어서 사람이나 말이 내닫기 불편한 곳이었다. 조금 있자 적군이 단월역[1]에서 진로를 나누어 진격해 들어왔다. 비바람이 몰아치는 듯 엄청난 기세였다. 적군의 한 부대는 산을 따라 동쪽으로 오고, 다른 한 부대는 강을 따라 내려왔다. 포 소리는 지축을 뒤흔들고 먼지는 하늘에 차올랐다.

신립은 어찌할 바를 모르고 말을 채찍질하여 몸소 적진으로 돌진하려고 두어 차례 시도했으나, 결국 들어가지 못하고 도리어 강물로 달려들어 물에 빠져 죽고 말았다. 군사들도 모두 강물에 뛰어들어 시체가 강을 덮어 떠내려갔다. 김여물도 갈팡질팡하는 군사들 속에서 전사하고 말았다. 이일은 동쪽 산골짜기로 도망쳤다.

당초 조정에서는 적병의 세력이 어마어마하다는 사실을 듣고서, 이일이 혼자 힘으로는 버티기 어려우리라 우려했다. 신립은 당세의 명장으로 군사들이 잘 따른다고 인정했기 때문에 그에게 대군을 거느리고 이일을 따라 가게 했다. 이렇게 한 것은 두 장수가 협력하여 적군을 막을 수 있을까 하는 기대에서이니 계책으로써는 잘못된 것이 없었다.

---

1) 단월역: 충주 남쪽 10리 지점에 있던 역.

불행하게도 경상도에 배치되어 있던 수군 장수나 육군 장수는 모두가 겁쟁이들이었다.

바다에서는 우선 좌수사 박홍이 한 사람의 군사도 출동시키지 않았다. 우수사 원균은 수로가 좀 멀기는 하나 거느리고 있는 함선들이 많았다. 게다가 적군이 하루 사이에 다 건너온 것도 아니었다. 따라서 전 부대를 동원하여 적군을 향해 전진하여 군사적인 위세를 과시하며 대치해 보일 필요가 있었다. 그래서 다행히 한 번이라도 싸워서 이겼다면 왜적은 배후에 대한 염려 때문에 그렇게 거침없이 내륙 깊숙이 들어오지는 못 했을 것이 분명하다. 그런데 원균은 먼 곳에서 바라보기만 하고 몸을 사려 한 번도 접전을 하지 않았던 것이다.

한편 왜적이 상륙한 뒤에는 어떠했던가? 좌병사 이각이 해임되고 우병사 조대곤이 해임되는 동안에 왜적은 북을 울리며 거침없이 진군했다. 수백 리 무인지경을 밟고 밤낮으로 밀고 올라오는데, 어느 한 곳에서도 저항을 받아 그 기세를 조금이라도 늦춘 적이 없었다. 그래서 상륙한 지 열흘이 되지 않아 이미 상주까지 왔던 것이다. 여기에 이일은 객장2)으로 자기 휘하에 거느리고 온 군대도 없이 졸지에 적과 맞부딪쳤으니, 처음부터 대적할 처지가 되지 못 했다. 신립

----

2) 객장(客將): 자기 휘하의 고유한 군대가 아닌 군대를 거느리는 장수. 그래서 손의 대우를 받는 장수.

은 충주에 도착하기 전에 이일이 먼저 패전하는 바람에 진퇴에 두서가 없었다. 이렇게 하여 일이 크게 어긋나고 말았다. 아아, 가슴 아픈 일이로다!

뒤에 듣기로는, 왜적은 상주에 들어와서도 지세가 험한 요충지에 이르면 선뜻 통과하지 못하고 망서렸다고 한다. 문경현 남쪽 10여 리 지점 경상좌도와 우도가 만나는 곳에 고모성이라는 옛 산성이 있다. 성 주변의 지형은 두 산골짜기가 마치 가운데를 잘라 묶은 듯하고, 골짜기 가운데로는 큰 시내가 굽이져 흐르며, 길은 그 산성 아래로 골짜기를 따라 뚫려 있는 그런 곳이다. 적은 이곳에 수비병이 있을 듯해서 척후를 시켜 두 번 세 번 정찰했으나, 아군의 수비병이 없음을 확인하고는 노래를 부르고 춤을 추며 이곳을 통과했다고 한다. 뒤에 명나라 제독 이여송이 적을 추격하여 조령을 통과하면서 탄식한 일이 있다.

"이렇게 좋은 요새가 있는데도 지킬 줄을 몰랐으니, 신립 총병(總兵)은 전략을 세울 줄 몰랐다고 하겠도다."

신립이 비록 날래어서 당세의 명성을 얻기는 했으나, 전략을 세우는 것은 그의 장기가 아니었다. 옛사람이 말했었다.

"장수가 병법을 모르면 나라를 적에게 주게 된다."

이제 후회한들 소용이 없지만, 그래도 뒷날의 경계는 될 수 있겠으므로 자세히 기록해 두는 것이다.

17 서울에서 평양까지, 숨 가쁜 피난길

4월 30일 새벽, 임금께서 서도西道를 향해 피난길에 올랐다

신립이 서울을 떠나간 뒤로 사람들은 날마다 왜적을 이겼다는 소식이 오기만 기다리고 있었다. 그런데 29일 저녁 무렵에 전립[1] 을 쓴 군인 셋이 말을 달려 숭인문(동대문)으로 들어왔다. 성안 사람들이 다투어 전방 소식을 물었다. 그들은 이렇게 대답했다.

"우리는 도순변사를 모시던 군관의 종입니다. 어제 도순변사께서는 충주에서 전사하시고, 아군은 뿔뿔이 흩어져 달아나고 말았습니다. 저희들은 겨우 몸만 빠져나온 길인데, 가족들에게 피난하라고 알리러 오는 참입니다."

이 말을 듣고 사람들은 깜짝 놀라 얼굴이 하얗게 질렸다. 이 소식은 삽시간에 퍼져 나가 온 성안이 떠들썩했다.

그날 초저녁에 임금께서는 재상들을 불러 피난 문제를 의논하셨다. 임금께서는 대궐 동상(東廂)에 거둥하시어 불을 밝히고 자리에 앉으시고, 종실 하원군과 하릉군 등이 모시고 있었다.

대신들이, 일이 이 지경에 이르렀으니 잠시 평양으로 거둥하시어

---

1) 전립(氈笠): 조선 왕조 때, 군대에서 죄수를 다루는 병졸(兵卒)이 군장(軍裝)을 갖출 때 쓰던 갓. 흔히 붉은 전(氈)으로 만드는데, 앞에는 주석으로 만든 '勇(용)' 자를 붙이고 증자에는 청전우(靑轉羽)를 붙였다.

명나라 구원병을 요청하여 만회할 방법을 찾아보자고 아뢰었다.

그때 장령[2] 권협이 임금 바로 옆에까지 다가가서 큰소리로 끝까지 서울을 지켜야 한다고 부르짖었다. 그가 하도 큰소리로 떠들기에 민망하여 내가 한마디 충고를 했다.

"아무리 혼란스러운 때라도 군신 간의 예의가 이러해서는 안 되니 조금 물러나서 아뢰시오."

그러나 권협은 되풀이해서 부르짖었다.

"좌상께서도 이렇게 말씀하십니까? 그러면 서울을 버려야 한단 말씀입니까?"

나는 임금께 여쭈었다.

"권협의 말은 충직하기는 합니다. 그러나 돌아가는 형편이 어쩔 수가 없게 되었습니다."

이어서 왕자들을 각 도로 보내 군사를 모집하게 하고, 세자는 임금을 모시고 함께 가도록 하자고 건의했다.

이렇게 의논을 정하고 나서 대신들은 일단 문 밖에 나와 있다가 왕명을 받았다.

임해군은 함경도로 가는데 영부사 김귀영과 칠계군 윤탁연이 수행하고, 순화군은 강원도로 가는데 장계군 황정욱과 호군[3] 황혁과

---

2) 장령(掌令): 조선 왕조 때 사헌부(司憲府)의 정4품 벼슬.
3) 호군(護軍): 조선 왕조 때 오위(五衛)의 정4품 무관 벼슬.

동지4) 이기후가 수행하라는 내용이었다. 황혁의 딸이 순화군의 부인이고, 이기는 원주 사람이었기 때문에 순화군에게 딸려 강원도로 보낸 것이다.

우의정 이양원은 유도대장5)에 임명되고, 영의정과 재상 수십 명은 임금을 모시는 호종관으로 지명되었으나, 나에게는 아무런 지시가 없었다. 그러자 승정원에서 호종에는 류 아무개6)가 빠질 수 없다고 건의하여, 나에게도 호종하라는 명이 내렸다.

내의원의 의관 조영선과 승정원 서리 신덕린 등 여남은 사람이 소리소리 부르짖었다.

"서울을 버리면 안 됩니다."

조금 있으려니까 이일의 장계가 날아들었다. 그러나 궁궐을 지키는 장교와 군사들이 모두 흩어져 버린 터라 경루7)조차 울리지 않는 상태였다. 선전 관청8)에서 횃불을 구하여 장계를 뜯어 읽었다.

"적이 오늘내일 사이 도성에 들어갈 것입니다."

이 일의 장계가 들어오고 나서 한참 있다 어가는 출발하였다.

삼청의 금군9)들이 어둠 속에 달아나 숨느라 서로 부딪치고들 하

---

4) 동지(同知): 동지중추부사의 약칭. 중추부의 종2품 벼슬.
5) 유도대장(留都大將): 왕이 도성(都城) 밖에 거둥할 때에 남아 도성을 지키는 임무를 맡은 대장. 이양원은 왜적의 침략소식이 처음 전해졌을 때에 수성대장(守城大將)에 임명되었는데, 전세가 바뀜에 따라 유도대장으로 직함이 바뀌었음.
6) 류 아무개: 류성룡 자신을 가리킴.
7) 경루(更漏): 밤 동안의 시각을 알리기 위해 북을 치는 것.
8) 선전관청(宣傳官廳): 조선왕조 때 계래, 취타·시위·전령·부신의 출납을 맡아보던 관아.

였다. 마침 우림위 소속 지귀수가 내 앞을 지나쳤다. 나는 그를 알아보고 임금의 행렬을 수행하라고 꾸짖었다.

"어찌 힘껏 따르지 않으오리까?"

지귀수는 이렇게 말하고는 그의 동료 두 사람까지 불러왔다. 경복궁 앞을 지나는데, 길가의 민가에서는 울부짖는 소리가 잇달았다.

승문원10)의 서원11) 이수겸이 나의 말고삐를 잡고 물었다.

"승문원에 있는 문서들은 어떻게 할까요?"

나는 특별히 중요한 문서들은 챙겨서 뒤따라오라고 지시했다. 이수겸은 울면서 갔다.

돈의문12)을 나서서 사현13)에 이르니 동쪽이 밝아 왔다. 성안을 돌아다보니 남대문 안에 있는 큰 창고에서 불길과 연기가 하늘로 치솟고 있었다.

사현을 넘어 석교14)에 이르니 비가 내리기 시작했다. 경기 감사 권징이 뒤따라와 호종했다.

벽제역15)에 이르렀을 때는 비가 더욱 심하게 내렸다. 일행은 모

---

9) 삼청(三廳)의 금군(禁軍): 내금위·우림위·겸사복에 소속해 있던 군사들로서, 궁중을 지키고 왕이 거둥할 때 호위 경비를 담당했음.
10) 승문원(承文院): 조선 왕조 때 외교 문서를 맡아보던 관아.
11) 서원(書員): 조선왕조 때 서리(書吏) 없는 관아에 둔 벼슬아치
12) 돈의문: 서울 서쪽의 정문(正門). 지금은 없어진 서대문.
13) 사현(沙峴): 모화관(지금의 독립문근처에 있었음) 서북쪽에 있던 고개.
14) 석교(石橋): 지금 서울의 무악재 넘어 홍제원 근처에 있던 돌다리.
15) 벽제역(碧蹄驛): 고양(高陽) 동쪽 15리 지점에 있었음.

17 서울에서 평양까지, 숨 가쁜 피난길

두 비에 젖었다. 임금께서는 잠시 역에 들어가 쉬시다가 곧 나오셨다. 관원 중에는 이곳에서 도로 서울로 들어간 사람이 많았다. 시종신16)과 대간 중에도 이따금 뒤에 처지고 따라오지 않는 사람들이 많았다.

혜음령17)을 지날 무렵에는 비가 들어붓듯 쏟아졌다. 궁인들은 쇠약한 말을 타고 물건으로 얼굴을 가린 채 울면서 갔다. 마산역18)을 지날 때, 들에 있던 사람이 행차를 바라보고는 통곡을 하며 소리쳤다.

"나라에서 우리를 버리고 가면 우리는 누구를 믿고 살란 말이오?"

임진강에 이를 때까지도 비는 그치지 않았다. 임금께서 배 안에서 영의정과 나를 부르시기에 들어가 뵈었다.

강을 건너고 나니 날이 이미 어두워져 앞을 볼 수 없었다. 임진강 남쪽 산기슭에는 이전부터 도승19)의 청사가 있었다. 강을 건너기 전에, 적이 그것을 헐어 뗏목을 만들어 강을 건널지도 모르니 태워 버리라고 명하셨는데 때마침 그것을 태우는 불빛이 강 북쪽까지 비쳐 겨우 길을 찾을 수가 있었다.

---

16) 시종신(侍從臣): 왕에 항상 시종하는 신하. 곧 조선 왕조 때 홍문관의 옥당, 예문관의 검열, 승정원의 주서를 총칭함.
17) 혜음령: 고양 북쪽 7리 지점에 있는 고개.
18) 마산역: 파주 남쪽 4리 지점에 있던 역.
19) 도승(渡丞): 조선조 때 나루터를 관리하던 종9품직. 경기도에 두었는데 처음은 일곱 명을 두었으나 나중에는 다섯 명으로 줄였음.

초경20)에 동파역21)에 도착했다. 파주 목사 허진과 장단 부사 구효연이 지대 차사원22)으로 그곳에 대기하고 있었다. 임금께 올릴 음식을 간략히 마련하는데, 임금을 모시고 온 아전과 군사들이 종일을 굶으며 왔기 때문에 부엌으로 들어가 음식을 마구 빼앗아 먹었다. 자칫하다간 임금께 올릴 것마저 없게 될 판이었다. 허진과 구효연은 두려워서 그만 달아나 버리고 말았다.

5월 초하루, 대신들을 부르셔서는 남쪽에 내려가 있는 순찰사들 가운데 나라를 위해 기꺼이 몸을 던질 만한 사람이 있는지를 물으셨다.

날이 느지막해서 수레에 올라 개성을 향하여 떠나려 하셨으나, 경기의 아전과 군사들이 다 도망쳐 흩어지고 없어서 임금이 탄 수레를 모시고 갈 사람이 없었다.

마침 황해 감사 조인득이 지원하기 위해 황해도의 군사들을 거느리고 오고 있는 참인데, 서흥 부사 남억이 군사들을 거느리고 먼저 도착했다. 군사 수백 명에 말이 5, 6십 필이 되었다 이것으로써 비로소 길을 떠날 수 있었다.

떠나기에 앞서 사약23) 최언준이 나서서 말했다.

---

20) 초경(初更): 5경의 하나. 하룻밤을 다섯 등분한 맨 첫째 부분. 저녁 7시에서 9시 사이.
21) 동파역: 장단 남쪽 30리 지점에 있던 역.
22) 지대 차사원(支待差使員): 지방에 거동한 왕을 대접하기 위해 차출된 관리.
23) 사약(司鑰): 궁궐의 자물쇠를 맡은 관리.

"궁중 사람들은 어제도 밥을 먹지 못하고 오늘도 먹지 못 했습니다. 좁쌀이라도 얻어서 요기를 시켜야 갈 수 있을 것입니다."

그러고는 남역의 군사들이 지니고 있던 양식에서 쌀과 좁쌀을 섞어 두세 말을 거두어 들여왔다.

낮에 초현참24)에 이르렀다. 조인득이 미리 와서 길에 장막을 치고 맞이했다. 조정 신료들은 그제야 비로소 음식을 얻어먹을 수가 있었다.

저녁에 행차는 개성에 머물렀다. 임금께서는 남문 밖 공서상통에 드셨다 대간들이 글을 올려 수상(영의정)이 당파를 만들어 나랏일을 그르쳤다고 탄핵하고 파직을 주장했다. 임금께서는 그것을 받아들이지 않으셨다.

2일에도 대간들이 계속하여 수상의 파직을 요청하여 결국 수상이 파직되고, 내가 수상으로 오르게 되었다. 최흥원이 좌상(좌의정)이 되고, 윤두수가 우상(우의정)이 되었으며 함경북도 병사 신할은 해임되었다.

이날 낮에 임금께서 개성의 남성 문루에 거동하시어 백성을 타이르시며 각자 생각을 말해 보라고 하셨다. 그러자 한 사람이 앞으로 나와서 엎드렸다.

"할 말이 무엇이냐?"

---

24) 초현참: 장단 서쪽 20리쯤에 있던 역참.

"바라옵건대 정 정승(정철)을 불러들이십시오."

정철은 당시 강계에 귀양을 가 있었으므로 그렇게 말한 것이다. 임금께서는 알았노라고 하시고 즉시 정철을 소환하여 행재소로 오게 하라고 명하셨다.

저녁때 행궁으로 돌아오시고, 나는 죄로 수상직에서 파면되었다 유홍이 우의정이 되고, 최흥원과 윤두수가 차례대로 승진하여 각각 영의정과 좌의정이 되었다.

왜적이 아직 서울까지는 오지 않았다는 소식이 전해지자 모두가 서울을 버린 것이 실수였다고 나무랐다. 결국 승지 신잡에게 도로 서울에 들어가 형세를 살펴 오게 했다

5월 3일, 왜적이 서울에 들어왔다. 유도대장 이양원과 도원수 김명원은 모두 달아나버렸다.

처음에 왜적은 동래에서 세 갈래로 나누어 진격했다. 그중 한 부대는 양산·밀양·청도·대구·인동·선산을 거쳐 상주에 이르러 이일의 부대를 패배시켰다.

다른 한 부대는 경상도 동부 지방으로 진격하여 장기·기장을 지나 경상 좌병영인 울산을 거쳐 경주·영천·신녕·의흥·군위·비안을 차례로 함락하고, 용궁의 하풍진 나루를 건너 문경으로 나와 경상 좌도와 우도의 중간 지대로 올라온 부대와 합류하여 조령을 넘어 충주에 들어왔다.

왜적은 충주에서 다시 두 방향으로 갈라졌다. 한 부대는 여주 방

면으로 진격, 강을 건너 양근을 거쳐 용진 나루를 건너 서울 동쪽 지역으로 나왔고, 다른 한 부대는 죽산·용인 방면으로 진격하여 한강 남쪽 지역에 이르렀다.

그리고 동래에서 갈라진 또 다른 한 부대는 김해를 거쳐 성주 무계현에서 강을 건너 지례·금산을 지나 충청도 영동으로 나와 청주로 진격하여 함락시키고 경기로 향했다.

깃발과 창칼이 천 리에 깔렸고, 포 소리도 잇달아 울렸다 적들은 지나는 곳마다 10리 또는 5, 6십 리 간격으로 지세가 험한 곳을 골라 진영과 방책을 설치했다. 그곳에 군사들을 두어 지키게 하며, 밤이면 봉화를 올려 서로 신호를 보내곤 했다.

도원수 김명원은 제천정[25]에서 적군이 오는 광경을 바라보고는 감히 나가싸우지도 못하고, 군기·화포·기계들을 모두 강물에 처넣어 버리고, 자신은 옷을 바꿔 입고 도주했다. 종사관 심우정이 완강히 말렸으나 듣지 않았다.

이양원은 성안에 있다가 한강을 수비하던 부대가 이미 뿔뿔이 달아났다는 소식을 듣고는 서울을 지킬 수 없을 것이라 생각하고 역시 양주로 달아나고 말았다.

처음에 강원도 조방장 원호가 군사 수백 명을 거느리고 여주강의

---

25) 제천정(濟川亭): 서강(西江)의 하류 한강 북쪽에 있던 정자. 중국 사신들이 경치를 즐기며 놀이하던 곳이고 국왕이 수전(水戰)을 관람하던 곳이기도 함.

북쪽을 지키며 왜적과 대치했다. 이 때문에 적은 강을 건너지 못하고 며칠이나 강남 쪽에 발이 묶여 있었다. 그런데 얼마 뒤 강원도 순찰사 유영길이 격문을 보내어 원호를 불러들였다. 그러자 적군은 마을의 민가와 관청 건물들을 헐어서 그 재목들을 엮어 긴 뗏목을 만들어 강을 건너려 했는데, 강을 반쯤 건넜을 때 뗏목이 물에 떠내려가는 바람에 꽤 많은 군사가 죽었다. 그러나 원호는 이미 떠났고 강가에는 한 사람도 지키는 사람이 없었다. 그래서 적군은 여러 날에 걸쳐서 강을 건널 수 있었던 것이다.

이리하여 동래에서 세 방향으로 나누어 진격한 적의 부대가 모두 서울로 들어왔다.

서울 성안의 백성들은 이미 흩어져 가 버리고 한 사람도 남아 있지 않았다.

김명원은 한강을 잃고 나서 행재소[26]로 오는 도중 임진 나루에 이르러 장계를 올려 근황을 보고했다. 조정에서는 그에게 다시 경기·황해의 군사들을 모집해서 임진강을 지키도록 명령하고, 또 신할에게 명령하여 김명원과 함께 임진강을 지켜 적이 서도로 내려오는 길을 막게 했다.

어가(御駕)는 개성을 떠나 금교역[27]에 머물렀다. 나는 비록 파직

---

26) 행재소(行在所): 임금이 거동할 때 일시 머무는 곳.
27) 금교역(金郊驛): 서울에서 서북쪽으로 30리, 개성의 서쪽 교외에 있던 역. 중국 사신이 올 때와 중국으로 돌아갈 때 반드시 이 역에서 잤다고 함.

17 서울에서 평양까지, 숨 가쁜 피난길

되어 맡은 일이 없는 신분이기는 했으나 감히 뒤에 처질 수 없어서 어가를 따라갔다.

4일, 어가는 흥의28)·금암29)·평산부30)를 지나 보산역31)에 머물렀다. 개성을 출발할 때, 경황 중에 종묘의 신주들을 목청전32)에 남겨두고 왔다. 그러자 종실 중의 한 사람이 울면서 아뢰었다.

"신주를 왜적의 수중에 버려둘 수는 없습니다."

그래서 밤을 새워 개성에 달려가 도로 모셔 갔다고 한다. 5일, 어가는 안성33)·용천34)·검수역35)을 지나 봉산군36)에 머물렀다. 6일에는 황주(黃州)에 가서 머무르고, 7일에 중화를 지나 평양에 들어갔다

---

28) 흥의(興義): 개성 북쪽50리 지점에 있던 역.
29) 금암(金巖): 평산부 남쪽7리 지점에 있던 역.
30) 평산부(平山府): 황해도 예성강 오른쪽 연안에 있던 평산 도호부. 서울에서 2백 리임.
31) 보산역(寶山驛): 평산부 북쪽20리 지점에 있던 역.
32) 목청전(穆淸殿): 태조 이성계(李成桂)의 옛 집으로, 나중에는 태조의 영정을 모시고 제사하는 사당이 되었음. 개성 숭인문(崇仁門) 안에 있음.
33) 안성(安城): 평산부 북쪽 50리 지점에 있던 역.
34) 용천(龍泉): 서흥부 남쪽22리.지점에 있던 역.
35) 검수역: 봉산부 동쪽 40리 지점에 있던 역. 절령(자비령)에 있던 역을 폐지하고 이곳으로 옮겨 온 것임.
36) 봉산군(風山郡: 평산부에서 서쪽으로 약70리, 서울에서 약 4백20리임.

18 3도 순찰사 연합군의 대패

3도의 순찰사들이 거느린 부대가 용인 전투에서 무참히 패배했다.

이에 앞서 전라도 순찰사 이광은 전라도의 군사들을 거느리고 서울 방위를 지원하러 가고 있었다. 그런데 중간에서 임금이 서도로 떠나고 서울이 이미 함락되었다는 소식을 듣고는 군사를 거두어 전주로 되돌아가 버렸다.

전라도 백성들은 이광이 싸우지도 않고 돌아왔다고 비난하며, 원통하게 여겨 불평하는 사람들이 많았다. 이광 자신도 마음이 편치 못하여 다시 군사를 징발하여 충청도 순찰사 윤국형과 합세하여 전진해 갔다. 경상도순찰사 김수도 자기 도에서 군관 수십 명을 데리고 와서 여기에 합류했다.

모두 합해 병력이 5만여 명이나 되었다.

이들이 용인에 이르러 북두문산 위를 바라보니 작은 보루가 있었다. 이광은 이것을 대단찮게 여기고, 용사 백광언·이시례 등을 먼저 보내어 적을 시험해 보도록 했다. 백광언 등이 선봉을 이끌고 산으로 올라갔다. 왜적의 보루에서 여남은 걸음밖에 되지 않는 지점까지 다가가서 말에서 내려 활을 쏘아 보았으나 왜적은 모습을 보이지 않았다.

어느새 날이 저물기 시작했다. 백광언과 그가 거느린 군사들은 조금씩 해이해졌다. 그걸 본 적이 시퍼런 칼을 뽑아 들고 고함을 지르며 튀어나왔다. 백광언 등은 허겁지겁 말을 찾아 타고 달아나려 했으나 미처 달아나지 못하고 모두 왜적에게 살해되었다. 산 아래에 있던 군사들이 이 소식을 듣고 놀라고 두려워했다.

당시 순찰사 세 사람은 모두 문인이라서 전쟁에 대해서는 잘 몰랐다. 그래서 병력의 수는 많았으나 호령이 일관되지 못 했고, 험하고 중요한 길목에 설비를 갖출 줄도 몰랐다. 옛사람이 '군사 작전을 봄놀이하듯이 하니 어떻게 패하지 않을 수 있겠는가.'라고 했는데, 당시 순찰사들의 지휘가 꼭 그 짝이었다.

이튿날 왜적은 아군이 겁을 먹고 있음을 뚫어보았다. 적병 두어 명이 칼을 휘두르며 여유 있게 용기를 과시해 보이면서 아군 쪽으로 다가왔다 3도의 군사들은 이를 멀리서 보고는 산이 무너지듯 소리를 지르며 걷잡을 수 없이 흐트러져 버렸다. 수없이 내버려진 군수품과 기계로 길이 막혀 사람이 지나갈 수가 없을 정도였다. 왜적은 이를 전부 모아서 불태워 버렸다.

이광은 전라도로, 윤국형은 공주로, 김수는 경상 우도로 각각 돌아갔다.

19 첫 승리와 억울한 죽음

부원수(副元帥) 신각이 양주에서 왜적을 패배시켜 왜적의 머리 60여 급을 베었다. 그러나 조정에서는 선전관[1]을 보내어 부대 안에서 그를 사형시켰다.

신각은 처음에 김명원의 부원수로 한강 전투에 참여했는데, 패전한 뒤 김명원을 따라가지 않고 이양원을 따라 양주로 갔다. 그때 함경남도 병사 이혼의 부대도 마침 양주로 왔다. 신각은 함경도의 군사들과 힘을 합쳐 적군을 격파했다. 왜적은 그때 서울을 차지하고 있으면서, 성 밖으로 나가 민가를 약탈하다가 신각과 맞닥뜨린 것이었다. 이 승첩이 왜적이 우리나라에 침범해 들어온 이후 처음 거둔 승리였으므로 소식을 들은 사람들은 모두 뛸 듯이 기뻐했다.

그런데 김명원이 임진에서 장계를 올리면서, 신각은 지휘에 복종하지 않고 제 마음대로 다른 곳으로 갔다고 했다. 이 보고를 받고 우의정 유홍이, 그가 군율을 어겼다고 해서 대번에 사형에 처하도록 요청했던 것이다.

선전관이 떠나고 나서야 신각이 승전했다는 보고가 도착했다. 조정에서는 곧 사람을 뒤따라 보내 선전관의 사형 집행을 중지시키려

---

1) 선전관(宣傳官): 조선 왕조 때 선전관청에 있던 무관 벼슬. 정3품에서 종9품까지 있었다.

했으나 한 발 늦고 말았다.

신각은 비록 무인이지만 평소에 청렴하고 신중한 사람이었다. 연안 부사로 있을 때에는 성을 수리하고 해자2)를 준설했으며, 무기 등 장비를 많이 갖추어 두었다. 사람들은 뒤에 이정암이 연안을 온전하게 지킬 수 있었던 것이 신각의 공이라고 했다. 죽어야 할 죄도 없이 억울하게 죽은 데다 아흔의 노모까지 있어서 사람들은 하나같이 불쌍하고 억울하게 여겼다.

지사 한응인에게 평안도의 압록강 연안 지방의 정예 군사 3천 명을 거느리고 임진강으로 가서 왜적을 치게 했다. 그러나 원수 김명원의 통제는 받지 않게 했다. 그때 한응인은 북경에 갔다가 막 돌아온 길이었는데, 좌의정 윤두수가 그를 보고는 여러 사람에게 말했다.

"이 사람은 복이 있게 생겼으니, 일을 잘 처리할 수 있을 것이다."

그래서 드디어 한응인이 가게 되었던 것이다.

---

2) 해자(垓字): 성 밖으로 둘러 판 못.

20 임진강 방어선 붕괴

한응인과 김명원의 부대는 임진강에서 무참히 패배하고, 적은 강을 건넜다. 김명원은 임진강 북쪽에 진을 치고 각 부대에 지시하여 강여울에 늘어서서 지키게 하고, 배는 모두 북쪽 기슭으로 거두어 들였다. 강남 쪽에 진을 친 적군은 배가 없어서 강을 건너지 못하고 유격병을 내보내 강을 사이에 두고 교전할 뿐이었다. 이렇게 서로 버티면서 열흘이 넘게 지나도록 왜적은 강을 건너지 못 했다.

하루는 적군이 강가에 임시로 지은 집들을 불태워 버리고 천막을 철거하고 무기를 거두어 실어 물러나는 체했다. 아군을 유인하려는 속셈이었다.

신할은 본래 몸이 날래고 용감하기는 하나 전략에는 밝지 못한 사람이었다. 그는 적군이 정말 달아나는 줄 알고 강을 건너 추격하려고 했고, 경기 감사 권징도 신할과 합세했으므로 김명원은 그들을 막을 수가 없었다.

이날 한응인도 전장에 도착하여, 자기가 거느린 군사들을 모두 이끌고 적을 추격하려 들었다. 그런데 한응인이 거느린 군사들은 모두 압록강 연안 지방에서 뽑혀 온 병사들로서 늘 북쪽의 오랑캐와 대치하고 있었기 때문에 전쟁의 요령을 잘 알고 있었다. 부하들이 한응인에게 건의했다.

"군사들이 먼 길을 오느라 지친데다 아직 밥도 먹지 못했습니다. 더구나 아직 무기도 정비하지 못 했으며, 후속 부대도 도착하지 않았습니다. 적이 정말로 후퇴한 것인지 아니면 물러나는 체하여 우리를 속이려는 계략인지도 아직 알 수가 없으니 잠시 쉬었다가 내일 사정을 자세히 알아보고 나서 싸우도록 합시다."

그러나 한응인은 그들이 일부러 머뭇거린다고 여겨 그중에 두어 사람을 처단하여 군율을 과시했다. 김명원은 한응인의 작전이 옳지 않다고 생각했다. 그러나 한응인이 조정에서 갓 파견되어 왔고, 자기의 통제를 받지 말라는 지시까지 있었기 때문에 감히 무어라 말할 수가 없었다.

별장(別將) 유극량은 나이도 많고 군사 일에 익숙한 사람이었다. 그래서 신할에게 섣불리 진격해서는 안 된다고 역설했으나, 신할은 도리어 그를 처단하려 했다. 유극량은 분통이 터졌다.

"내가 젊어서부터 군대에 몸담아 왔거늘 어찌 죽음을 피할 마음을 가지겠습니까? 섣불리 진격해서는 안 된다고 말한 것은 나랏일을 그르칠까 걱정스러워서 그런 것뿐입니다."

그러고는 씩씩대며 나가서 자기에게 딸린 군사들을 거느리고 먼저 강을 건넜다. 왜적은 산 뒤쪽에 정예 부대를 숨겨 두고 있었는데, 아군이 그들이 숨어 있는 곳으로 들어서자, 일제히 공격해 왔다 아군은 뿔뿔이 흩어져 무너졌다. 유극량은 말에서 뛰어내려 땅바닥에 앉아서 말했다.

"여기가 내가 죽을 곳이다!"

그러고는 활을 당겨 적군 두어 명을 쏘아 죽이고, 결국 적군에게 살해되었다. 신할도 죽었다. 간신히 강까지 도망쳐 온 군사들도 강을 건너지 못하고 바위 위에서 강물로 뛰어들었다. 그 모습이 마치 바람에 흩어지는 낙엽 같았다. 미처 강에 뛰어들지 못한 군사들도 등 뒤에서 내휘두르는 왜적의 장도에 찍혀 죽었다. 모두가 엎드려 칼날을 받을 뿐 아무도 감히 항거하지 못했다.

김명원과 한응인은 건너편 북쪽 강가에서 이 광경을 바라보고 기가 꺾였다. 상산군 박충간이 마침 아군의 진중에 있다가 말을 타고 먼저 달아났다. 그걸 본 군사들은 김명원이 달아나는 것으로 착각을 하고는 모두 부르짖었다.

"원수님이 가신다!"

이 소리에 강여울을 지키던 군사들도 모두 흩어져 버렸다. 김명원과 한응인은 행재소로 돌아왔다. 그러나 조정에서는 책임을 묻지도 않았다. 경기 감사 권징은 가평군으로 들어가 피난하고 있었다.

왜적은 드디어 승승장구 서도로 내려왔지만, 우리 측에서는 막지 못했다.

21 포로가 된 두 왕자

적병이 함경도에 들어가고, 임해군과 순화군 두 왕자가 적중에 빠졌다.

왕자를 수행했던 김귀영·황정욱·황혁형과 함경 감사 유영립, 북병사[1] 한극함 등이 모두 적에게 붙잡히고, 남병사[2] 이혼은 달아나다가 갑산에서 우리 백성에게 살해당했다. 함경 남·북도의 모든 고을이 적의 수중에 떨어졌다.

함정호라는 왜학통사[3]가 서울에서 적장 청정에게 잡혔다. 그는 청정을 따라 북도까지 들어갔다가 적군이 물러간 뒤에 도망쳐 돌아왔는데, 서울에서 나를 만나 당시 북도에서 있었던 일을 자세히 증언해 주었다.

가토 기요마사는 적장 중에서도 특히 사납고 날래며 전투를 잘하는 자였다. 그는 고니시 유키나가와 함께 임진강을 건너 황해도 안성역에 이르러서는 각각 평안도와 함경도를 맡아서 공격하기로 했는데, 그 분담 지역을 정하는 데 의견이 맞지 않았다. 쉬 결정이 나지 않자 두 적은 제비뽑기를 했다. 그래서 고니시 유키나가는 평안

---

1) 북병사(北兵使): 함경북도 병마절도사.
2) 남병사(南兵使): 함경남도 병마절도사.
3) 왜학통사(倭學通事): 일본어 통역관.

도로, 가토 기요마사는 함경도로 향하게 되었다.

　가토 기요마사는 안성 주민 두 사람을 사로잡아 길잡이로 세우려고 했다 두 사람이 자신들은 안성에서 나고 자랐기 때문에 북쪽 지방의 지리를 잘 모른다고 회피하자 청정은 그 자리에서 한 사람을 베어 죽였다.

　그러자 남은 한 사람은 겁을 먹고 길잡이가 되어 앞장서겠다고 했다.

　왜적은 곡산으로부터 노리현을 넘어 철령 북쪽으로 나갔다. 하루 수백 리씩 달려 풍우처럼 몰아갔다.

　그 무렵 북병사 한극함이 6진(鎭)의 군사들을 거느리고 해정창[4]에서 적과 맞닥뜨렸다. 북쪽 지방의 병사들은 말을 잘 타며 활쏘기에도 능숙했다. 그런 터에 마침 땅이 평평하게 퍼진 곳에서 왜적을 만나자 오른쪽 왼쪽으로 정신없이 내달리고, 달리면서도 연방 활을 쏘아 댔다 마침내 왜적은 버티지 못하고 물러나 창고 안으로 몰려들어갔다. 어느덧 날이 저물고 있었다. 군사들은 조금 쉬었다가 이튿날 왜적이 창고에서 나오면 다시 싸우자고 했다. 그러나 한극함은 듣지 않고 군사를 지휘하여 적을 포위했다.

　왜적은 창고 안에 있던 곡식 섬을 꺼내어 성벽처럼 둘러쌓아 놓

---

4) 해정창(海汀倉): 두만강 하류 녹둔도의 맞은편 해안지대에 있던 지명. 창고가 있었음.

고는 그 안에서 아군이 쏘는 돌과 화살을 피하면서 연달아 조총을 쏘아 댔다. 아군은 즐비하게 겹겹으로 둘러서 있었는데, 탄환은 맞았다하면 꼭 꿰뚫고 나가서 어떤 경우에는 탄환 하나에 서넛이 쓰러지기도 했다. 이리하여 아군은 마침내 무너졌는데, 한극함은 군사를 수습하여 고개 위로 물러나 머물면서 날이 밝으면 다시 싸울 작정을 했다.

그런데 적군은 밤 사이에 몰래 와서 아군을 포위하고 풀 속에 숨어 있었다. 이튿날 아침에는 안개가 자욱이 끼었다. 아군은 그때까지도 적군이 산 밑에 있으려니 생각하고 있었다. 그런데 느닷없이 포 소리가 한 번 울리더니 적병이 사방에서 일어나 고함을 지르며 달려들었다. 이 느닷없는 기습에 아군은 놀라서 맥없이 무너지고 말았다. 왜적이 없는 쪽으로 달아나던 아군의 장졸들은 모두 수렁창에 빠졌고, 뒤따라 쫓아온 적군이 풀이라도 베듯 마구베어 넘겨서 죽은 자는 헤아릴 수도 없었다. 한극함은 경성으로 달아났다가 마침내 왜적에게 사로잡혔다.

두 왕자 임해군과 순화군은 다 같이 회령부까지 갔다. 순화군은 처음에 강원도에 있었는데 적군이 강원도에 들어오자 북쪽으로 길을 바꾸었고, 왜적은 두 왕자를 끝까지 추적하여 회령부에까지 이르렀던 것이다. 그런데 회령부의 아전 국경인이 그 동료들을 데리고 배반하여, 적이 들어오기도 전에 먼저 왕자와 수행한 신료들을 잡아 묶어 놓고 적장을 맞이했다. 적장 가토 기요마사는 결박을 풀어 주고 왕자와 신료들을 데리고 함흥으로 돌아와 주둔했다.

칠계군 윤탁연은 수행 도중에 병을 핑계로 다른 길을 따라 깊숙이 별해보5)로 들어갔으며, 동지 이기후는 순화군을 따라가지 않고 강원도에 남아 있었다. 그 덕분에 두 사람은 적에게 붙잡히지 않았다.

유영립은 적중에 며칠 동안 잡혀 있었는데, 문관이라고 하여 왜적이 감시를 조금 게을리한 틈을 타 도망하여 행재소로 돌아갔다.

---

5) 별해보(別害堡): 갑산(甲山) 남쪽 50리쯤에 있던 성보.

22 패전 장군 이일, 다시 대동강을 지키다

　이일이 평양에 왔다. 그는 충주에서 패전한 뒤 강을 건너 강원도로 들어가 이리저리 돌고 돌아서 행재소까지 왔던 것이다.

　당시 장수들은 서울에서 남쪽 전선으로 내려가고 더러는 중간에 달아나거나 죽기도 했다. 그래서 임금 행렬을 호위하여 따라온 사람이 아무도 없었다. 그런 상황에서 적군이 곧 행재소까지 닥칠 것이라는 소식이 전해졌으므로 사람들은 더욱 겁에 질려 있었다. 그럴 때 마침 이일이 온 것이다. 이일은 비록 패전하고 도망쳐 온 것이기는 하지만 무장 중에서 평소 명망이 두터운 사람이었기 때문에 그가 왔다는 소식을 듣고 모두가 기뻐했다.

　이일은 여러 차례 패전하고 가시밭길을 헤매며 숨어 다녔기 때문에 머리에는 패랭이를 쓰고, 흰 베적삼을 걸치고 짚신을 신은 초라한 몰골로 나타나 보는 사람마다 한숨을 쉬었다.

　나는 여행 자루를 뒤져서 남색 비단 철릭을 꺼내 주며 말했다.

　"이곳에 있는 사람들이 그대에게 큰 기대를 걸고 있는데, 이렇게 초라해서야 어떻게 뭇사람의 마음을 안심시킬 수 있겠소?"

　그러자 다른 신료들도 나서서 어떤 사람은 종립[1]을 주고, 또 어

----

1) 종립(鬃笠): 기병이 쓰던 모자. 갓보다 조금 높고, 위는 통형인데 옆에 깃털을 붙였음.

떤 사람은 은정자[2]와 채색 갓끈을 주기도 하여 당장에 바꿔 입도록 하니, 그럭저럭 차임이 갖추어졌다. 다만 신을 벗어 주는 이는 없어 여전히 짚신을 신고 있었다.

"비단옷에 짚신이라니 어울리지가 않는구먼."

내가 웃으며 이렇게 말했더니 옆에 있던 사람들이 모두 웃었다. 조금 있으려니 벽동[3] 사는 병사 임욱경이 왜적의 동정을 알려 왔다. 왜적이 이미 봉산까지 왔다는 것이었다. 나는 좌의정 윤두수에게 말했다.

"왜적의 척후병은 벌써 대동강을 건너왔을 것이오. 강물은 여기 영귀루 아래에서 두 갈래로 갈라집니다. 그곳은 물이 얕아 배가 없어도 건널 수 있을 것이오. 만일 왜적이 우리 백성을 길잡이로 세워 몰래 건너와 갑자기 달려든다면 정말 위태로울 것이오. 속히 이일 장군을 보내어 그 얕은 여울목을 지키게 하여 불의의 사태를 예방하도록 하는 게 좋지 않겠소?"

윤공은 그러겠다고 대답하고 즉시 이일더러 가서 지키라고 했다.

그때 이일이 거느린 강원도 군사는 겨우 수십 명에 불과했으므로 다른 군사를 더 보태 주었다. 그런데 이일은 함구문[4]에 앉아 군사만 점검하고 즉시 떠나지를 않았다. 나는 일이 다급하다고 생각하

---

2) 은정자(銀頂子): 군모 꼭대기에 다는 은제(銀製) 장식품인 듯.
3) 벽동(碧潼): 압록강 연안에 있던 고을.
4) 함구문(含毬門): 대동강 연안에 있던 평양 외성(外城)의 북문.

고 있었으므로 사람을 보내어 살펴보게 했더니, 이일이 아직도 함구문 위에 있더라고 했다. 나는 윤공에게 빨리 재촉해 보내라고 했다. 이일은 그제야 비로소 떠났다.

　이일은 성 밖으로 나가기는 했으나 길을 알려 주는 사람이 없어서 방향을 잘못 잡았다. 그는 대동강 서쪽으로 가다가 길에서 성으로 들어오던 평양 좌수5) 김내윤을 만나 물어보고, 앞을 인도하게 하여 만경대 밑으로 달려갔다. 그곳은 성에서 10여 리밖에 되지 않는 곳이다.

　강의 남쪽에는 적병이 이미 수백 명이나 몰려와 있고, 강 가운데 있는 작은 섬에 사는 주민들이 기겁을 해서 아우성을 치며 허겁지겁 달아나고 있었다. 이일이 여남은 명의 무사에게 급히 섬에 들어가 적을 쏘라고 명령했다. 그러나 군사들은 겁을 내어 선뜻 나서지 못하고 머뭇거리다가 이일이 목이라도 벨 기세로 칼을 빼어 들자, 그제야 전진했다.

　왜적은 이미 강물을 건너고 있었고, 강기슭에 거의 다다른 자도 많았다. 아군이 급히 화살을 쏘아 연달아 예닐곱 명을 죽이자 왜적은 마침내 퇴각했다. 이일은 그대로 남아 그 건널목을 지켰다.

---

5) 좌수(座首): 조선 왕조 때 지방관아에 두었던 향청(지방관을 보조하는 자치 기관)의 우두머리.

23 요동 진무 임세록의 적정 탐지

　명나라 요동 도사(遼東都司)가 왜적의 상황을 탐지하기 위해 진무(鎭撫) 임세록(林世祿)을 파견했다. 임금께서 대동관1)에서 임세록을 접견하셨다.

　나는 5월에 파직되었다가 6월 초하룻날에 복직되었는데, 이날 명나라 장수를 접대하라는 명을 받았다.

　요동에서는 왜적이 우리나라를 침범했다는 소식을 들은 지 얼마 되지도 않아서 다시 서울이 함락되고 임금께서 평안도 쪽으로 피난했다는 소식을 들었다. 그런데 어느새 왜적이 평양까지 이르렀다는 소식을 듣고는 매우 의심스러워했다. 왜란이 아무리 급박하기로서니 이렇게까지 갑작스러울 수는 없을 것이라 생각했고, 더러 우리나라가 왜적의 앞잡이가 되어 명나라를 침범하려는 것이라는 말까지 있었다.

　나는 임세록과 함께 연광정에 올라가 전황을 살피고 있었다. 그때 왜병 하나가 강 동쪽의 수풀 사이에서 나오더니 이내 모습을 감추었다. 그러더니 잠시 후에는 두셋이 나와 앉기도 하고 서기도 했는데, 그 태도가 마치 길 가던 사람이 잠시 쉬어가는 듯 편안하고

---

1) 대동관: 평양의 객관.

한가로워 보였다. 나는 임세록에게 그들을 가리켜 보이며 말했다.

"저놈들이 왜군의 척후병들이오."

임세록은 기둥에 기대어 바라보고는 믿을 수 없다는 기색으로 물었다.

"왜병이 저것밖에 안 된단 말이요?"

"왜적은 간사하고 교활하기 짝이 없소. 아무리 많은 군대가 뒤에 있더라도 먼저 와서 정탐을 하는 자는 두어 놈밖에 되지 않소. 만일 그것만 보고 섣불리 움직이다간 반드시 왜적의 술책에 빠지게 되오."

이렇게 설명해 주자 임세록은 이제야 알겠다는 듯이 "예, 예." 하고는 회답 문서를 달라고 하여 서둘러 돌아갔다.

24 평양 백성들의 분노

좌의정 윤두수에게 도원수 김명원과 순찰사 이원익 등을 거느리고 평양을 수비하라고 명하셨다.

성안에는 며칠 전부터 임금께서 난을 피해 성을 떠나려 한다는 소문이 퍼졌다. 그래서 백성들은 각자 살길을 찾아 달아나고 마을은 텅 비다시피 되었다. 그래서 임금께서는 세자에게 민심을 달래라고 명하셨다. 세자가 대동관 문에 나가 백성들을 모아 놓고, 평양을 끝까지 지킬 것이라고 설명했다. 그러나 백성들은 그 말을 순순히 믿으려 하지 않았다.

"동궁의 말씀만 듣고서는 사람들이 믿지 않을 것입니다. 반드시 상감께서 친히 말씀하셔야 믿을 수 있겠습니다."

하는 수 없이 그 이튿날 임금께서 대동관 문에 거동하시어 승지를 시켜 어제와 같은 내용으로 타이르셨다. 그러자 수십 명의 백성이 엎드려 통곡을 하고는 명을 받들고 물러났다. 그리고는 각자 성 밖으로 나가서 산골짜기로 들어가 숨은 노약자와 부녀자, 젊은 이들을 모두 불러들여 성안에 다시 사람이 가득 차게 되었다.

드디어 대동강 강가에 적군이 나타났다. 재상 노직 등이 종묘와 사직의 위패(位牌)를 받들고, 궁인들을 호위하여 먼저 성을 나갔다. 그걸 본 성안의 아전들과 백성들이 들고일어났다. 손에 손에 몽둥이와 칼을 들고 길을 가로막고는 마구 후려쳐서 종묘 사직의 신주를 길바닥에 떨어뜨리고, 수행하던 신료들을 나무랐다.

"너희들은 평소에 하는 일도 없이 국록만 축내다가 이제 와서는 이 모양으로 나라를 그르치고 백성을 속이느냐?"

나는 연광정에서 행궁1)으로 가다가 성난 백성들을 만났다. 부녀자와 어린 아이들까지도 모두 시퍼렇게 성이 나서 삿대질을 하며 소리치고 있었다.

"애초에 성을 버릴 작정이었다면 무엇 때문에 우리를 성에 들어오게 했소? 어째서 우리를 적의 손에 죽게 한단 말이오?"

행궁의 문밖에 이르니, 성난 백성들이 길을 메우고 있었다. 백성들은 모두 팔을 걷어붙이고 칼이랑 몽둥이를 들고서 사람을 만나기만 하면 후려치며 소란을 피워 걷잡을 수가 없었다. 조정 신료들은 모두 질린 얼굴로 행궁의 뜰에 서 있었다. 나는 난민들이 문 안으로 몰려들까 걱정되어 문 밖에 나가 계단 위에 섰다. 난민들을 둘러보는데 나이 지긋하고 수염이 긴 사람이 눈에 띄었다 손짓으로 가까이 불러 보니, 그 사람은 바로 그곳 토관2)이었다. 나는 그를 타일렀다.

"너희들이 힘을 다해 성을 지키고 끝까지 임금을 모시려 하니 나라를 위하는 충성은 지극하다. 그러나 이 때문에 소란을 피우고 임금께

---

1) 행궁(行宮): 임금이 거동할 때 머무는 별궁.
2) 토관(土官): 평안도·함경도에만 있던 특수한 관직. 그 도의 백성만 시킴.

서 머무시는 이곳까지 와서 시끄럽게 떠드는 것은 매우 놀라운 일이다. 또 조정에서 성을 굳게 지키자고 아뢰었고 임금께서도 이미 허락하셨는데 너희들은 무엇 때문에 이 야단이냐? 네 모양을 보니 제법 사리를 알겠구나. 아무쪼록 이 뜻을 군중에게 타일러서 물러가도록 하라. 그렇지 않으면 너희들은 용서받을 수 없는 큰 죄를 짓게 될 것이다."

그 사람은 즉시 몽둥이를 버리고 두 손을 모으며 말했다.

"조정에서 성을 버리려 한다는 소문을 듣고서 소인들이 분을 이기지 못하고 이렇게 함부로 날뛰었습니다. 이제 그 말씀을 듣고 나니 어리석고 보잘것없는 소인네들도 가슴속이 툭 트이는 것 같사옵니다."

그러고는 백성들을 지휘하여 해산시켰다.

이런 일이 있기에 앞서 조정의 신하들은 적군이 가까이 오고 있다는 소식을 듣고는 모두 성을 떠나 피하자고 건의했다. 사헌부와 사간원, 홍문관에서도 날마다 합동으로 강력하게 건의했다. 인성부원군 정철이 더욱 강력히 그 주장을 내세웠다.

나는 다음과 같이 건의했다.

"지금은 지난번 서울에 있을 때와는 사정이 다릅니다. 서울에서는 군대는 패배하고 백성들도 흩어져서 지키고 싶어도 지킬 방도가 없었습니다. 그러나 지금 이 성은 앞에 강물이 막혀 있고 백성들도 굳게 지킬 각오가 되어 있습니다. 또 중국 땅이 가까우므로 며칠만 굳게 지키고 있으면 명나라의 구원병이 올 것이니 여기에 힘입어 적을 물리칠 수가 있을 것입니다. 그러나 이곳을 떠나면 의주까지는 더 이상 의지하여 버틸 만한 곳이 없으므로, 끝내 나라가 망하는 지경에 이르고 말 것입니다."

좌의정 윤두수는 내 의견에 찬성했다. 나는 또 정철에게 말했다.

"평소 공은 의기가 있어서 험난한 일을 피하지 않을 것이라고 생각했소. 그런데 지금 그런 말씀을 하시다니 뜻밖이오."

좌의정 윤두수는 문산3)의 시 한 구절을 읊었다.

칼을 빌려 아첨하는 신하를 베고 싶구나!4)

그러자 정철은 발끈 화를 내고 소매를 떨치며 일어섰다.

평양 사람들도 내가 성을 지키자고 주장한 것을 들어 알고 있었기 때문에 이날 나의 말을 듣고서 자못 순순히 물러났던 것이다.

이날 저녁에 평안 감사 송언신을 불러 난민을 진정시키지 못한 책임을 추궁했다. 송언신은 앞장서서 선동한 자 세 명을 적발해 내어 대동문 안에서 처형했다. 나머지 사람들은 모두 흩어져 갔다.

---

3) 문산(文山): 송나라 문천상의 호. 문천상은 송나라의 유명한 충신으로 원나라의 침략에 대항해 고전분투하다가 원군의 포로가 되자 지조를 굽히지 않고 죽음을 택했음.

4) 칼을 빌려 아첨하는 신하를 베고 싶구나: 我慾借劍斬佞臣(아욕차검참영신). 문천상의 문집 『문천집(文天集)』에 실려 있는 시의 한 구절.

당시 이미 성을 떠나기로 결정은 했으나, 어디로 가야 할지는 정하지 못하고 있었다. 조정의 신하들은 대부분 함경도가 땅이 외지고 길이 험난해서 전란을 피할 만하다고들 했다. 실제로는 이 무렵 적병이 이미 함경도까지 침범했으나 길이 막히고 또 왜적의 침범을 보고한 자가 없었기 때문에 조정에서는 모르고 있었다.

동지중추부사[5] 이희득은 전에 영흥 부사로 있으면서 백성을 너그럽게 대하여 민심을 얻었다. 그런 이유에서 그를 함경도 순검사에 임명하고, 병조 좌랑 김의원을 종사관[6]에 임명하여 함경도로 가게 하고, 중전과 궁녀들을 먼저 함경도로 보냈다.

그러나 나는 완강히 주장했다.

"임금께서 서도로 오신 것은 본래 명나라 군사의 힘을 빌려 나라를 되찾기 위함이었습니다. 그런데 이제 이미 명나라에 구원병을 요청해 두고서 도리어 깊숙이 북도로 들어가셨다가 적군이 중간을 가로막으면 명나라와 소식조차도 통할 길이 없게 될 것인데 하물며 회복을 바랄 수가 있겠습니까? 더군다나 적군이 각 도에 산발적으로 출몰하고 있는데 북도라고 해서 적군이 없다고 확신할 수 있겠습니까? 그곳에 들어가셨다가 불행히 적군이 뒤따라 이른다면 가실 길은 북쪽 오랑캐의 땅뿐인데 어느 곳에 의지하시겠습니까? 그리되

<hr>

5) 동지중추부사(同知中樞府事): 조선 왕조 때, 중추부(中樞府)의 종이품 벼슬.
6) 종사관(從事官): 조선 왕조 때 각 군영(軍營) 및 포도청의 종6품 벼슬. 또는 정해진 임무가 아닌 임시 임무를 맡은 주된 관원을 따라다니던 벼슬. 비서관.

면 참으로 큰 위기에 몰리지 않겠습니까? 지금 조정 신하들의 가족이 대부분 난을 피해 북도로 가고 있습니다. 그래서 각자가 개인적인 사정을 생각해서 모두 북도로 가는 것이 좋다고들 말하는 것입니다. 신에게도 노모가 있는데, 들으니 동쪽으로 피난을 나갔다고 합니다. 지금 있는 곳을 정확히 알지는 못하지만, 틀림없이 강원도나 함경도 방면으로 갔을 것입니다. 신 또한 개인적인 안위만을 생각하여 말한다면 어찌 북도로 가고 싶은 심정이 없겠습니까. 그러나 국가의 운명이 걸린 큰 일을 신하들의 개인 사정에 맞추어 결정할 수는 없으므로 감히 이렇게 간절히 아뢰는 것입니다."

나는 그만 목이 메고 눈물이 흘러내렸다. 임금께서도 침통하게 말씀하셨다.

"경의 어미는 어디에 있소? 나 때문이오."

그러나 내가 물러 나온 뒤에 지사 한준형이 다시 단독으로 임금을 뵙고는 북도로 가는 것이 좋다고 극구 주장했다. 이리하여 드디어 중전께서 함경도로 향하시게 되었던 것이다.

적군이 대동강에 이른 지 벌써 3일이나 지난 때였다. 우리가 연광정에서 강 건너편을 바라보고 있는데 한 왜적이 나무 끝에 작은 종이쪽을 달아서 강가의 모래밭에 꽂았다. 화포장 김생려를 시켜 배를 타고 가서 그 종이쪽을 가져오게 했다. 그 왜적은 무기를 지니지 않았으며, 김생려와 손을 잡고 등을 두드리며 몹시 친근하게 굴면서 편지를 부쳐 보냈다.

편지를 가져오긴 했으나 좌의정 윤두수가 뜯어보려 하지 않았다.

"편지를 본다고 안 될 게 무어 있겠소?"

내가 이렇게 권해서 편지를 뜯어보았다. 편지에는 '조선 예조 판서 이공 합하께 드림'이라고 쓰여 있었다. 야나가와 시게노부와 겐소가 이덕형에게 보내는 편지로, 이덕형과 만나 강화 문제를 논의하고 싶다는 내용이었다.

이덕형이 조각배를 타고 가서 강 가운데서 야나가와 시게노부와 겐소를 만났다. 평소와 다름없이 안부 인사를 나누고 나서 겐소가 말했다.

"일본이 길을 빌려 중국에 조공을 하려는데 조선이 허락하지 않았기 때문에 일이 이 지경에 이른 것이오. 지금도 한 가닥의 길을 빌려주어 일본이 중국과 통할 수 있게만 한다면 무사할 것이오."

이덕형은 그들이 약속을 저버린 것을 책망하고, 그들이 군대를 철수해야 강화를 논의하겠다고 맞섰다. 그러자 야나가와 시게노부 등의 말투가 자못 불손해졌다. 드디어 회합을 마치고 헤어졌는데, 그날 저녁에 적군 수천 명이 대동강의 동쪽 기슭에 진을 쳤다.

25 임금은 평양을 떠나고, 평양은 전선으로

6월 11일, 임금께서는 평양을 나와 영변으로 향했다. 대신 최흥원·유홍·정철 등이 따랐다. 좌의정 윤두수는 원수 김명원, 순찰사 이원익과 함께 평양에 남아서 지키기로 했다. 나 역시 명나라 장수를 접대하기 위해 평양에 남았다.

이날 왜적이 성을 공격했다.

좌의정과 원수와 순찰사와 나는 연광정에 있고, 평안 감사 송언신은 대동성의 문루를 지키고, 병사 이윤덕은 부벽루 상류의 강 여울목을 지키고, 자산 군수 윤유후 등은 평양성의 동문인 장경문을 지켰다. 성안에는 군사와 백성을 합쳐 모두 3, 4천 명이 있었는데, 성첩을 나누어 지키게 했다.

그러나 군사 배치가 들쑥날쑥하여 고르지 못했다. 어떤 곳은 사람 위에 사람이 겹쳐 어깨와 등이 서로 부딪칠 정도로 빽빽한가 하면, 두어 성첩을 연달아 한 사람도 배치되지 않은 곳이 있었다. 을밀대 근처 소나무 숲에는 여기저기 옷을 흩어 걸어서 마치 군사들이 매복해 있는 양 꾸며 놓았다. '의병'이라는 것이다.

강 건너편을 바라보니 적군도 그렇게 많지는 않았다. 동대원 강기슭에 한 줄로 죽 벌려 서서 진을 이루고 있었는데, 붉은색·흰색 깃발을 늘어 세운 것이 마치 만장 같았다.

왜적의 기병 10여 명이 강물로 뛰어들어 양각도 쪽으로 향하는데 물이 말의 배까지 찼다. 이들은 금방 강을 건너기라도 할 것 같은 태세로 모두 말고삐를 잡고 늘어섰다.

그 나머지는 한두 명 혹은 서너 명씩 짝을 지어 강가에서 왔다 갔다 하는데 그들이 둘러멘 큰 칼이 내리쪼이는 햇빛을 반사하여 번쩍번쩍 번개 같은 빛을 뿜었다.

"저건 진짜 칼이 아니야. 나무칼에 백랍을 입혀서 눈속임하는 거야."

누군가가 이렇게 말했으나 멀어서 분간할 수 없었다.

또 적병 예닐곱 명이 강변에 나와서 성을 향해 조총을 쏘는데, 소리가 매우 컸다. 탄환은 강을 지나 성안으로 들어왔다. 멀리 날아온 탄환이 대동관까지 들어와 기와 위에 떨어지기도 했다. 그 거리가 몇천 보나 되는데 어떤 것은 성루의 기둥에 맞아 두어 치 정도로 깊이 박히기도 했다.

붉은 옷을 입은 왜적이 연광정 위에 모여 앉아 있는 사람들을 보고는 장수들인 줄 알았는지 조총을 끼고 겨냥을 하면서 모래톱까지 와서 총을 쏘았다. 두 사람이 맞았으나 거리가 멀었기 때문에 중상은 아니었다. 나는 군관 강사익에게 방패로 앞을 가리고 편전을 쏘게 했다. 화살이 그쪽 모래톱까지 날아가자 왜적은 머뭇머뭇 물러갔다.

원수가 활 잘 쏘는 사람들을 뽑아서 배를 타고 나가 왜적을 쏘게 했다. 아군이 강 가운데에서 활을 쏘며 배를 동쪽 기슭으로 점점 저어 가니, 왜적도 역시 물러나 피했다. 아군이 배 위에서 현자총을 발사하여 서까래 같은 불화살이 강을 지나 날아갔다. 왜적들은 그것을 보고 모두 소리를 지르며 흩어졌다가 화살이 땅에 떨어지자 다투어 몰려와서 구경했다.

이날 병선을 즉시 정비하지 않은 죄로공방 아전 한 명을 참형했다.

그 무렵 오랫동안 비가 오지 않아 강물이 날로 줄어들었다 단군·기자·동명왕의 사당에 각각 재상들을 파견하여 비를 내려 달라고 빌었으나 비는 여전히 내리지 않았다.

나는 윤두수에게 말했다.

"이곳은 물이 깊고 배가 없으니 왜적이 끝내 건너오지 못할 것입니다. 그러나 이 물의 상류에는 얕은 여울이 많아 적은 조만간 반드시 그곳을 통해 강을 건너려 할 것입니다. 적이 강을 건너오는 날에는 성은 지키지 못할 터인데 엄중히 방비해야 하지 않겠습니까?"

원수 김명원은 성질이 느린 사람이었다. 그는 이렇게만 대꾸했다.

"이미 이윤덕을 보내 지키게 했습니다."

"이윤덕 따위에게 어떻게 기대할 수 있겠소?"

나는 이렇게 그를 나무라고 순찰사 이원익을 지목하며 말했다.

"공들이 이곳에 무슨 잔치라도 하듯이 모여 앉아 있는 것이 일에는 아무 도움도 되지 않소. 가서 강 여울목을 지켜야 하지 않겠소?"

"명령만 하신다면 감히 힘을 다하지 않겠습니까?"

이원익의 대답을 듣고 윤두수가 지시했다

"공이 가 보시오."

그리하여 이원익이 일어나 나갔다.

나는 당시 명나라 장수를 접대하라는 명만 받았기 때문에 군사를 지휘하는 일에는 직접 참여하지 않았으나 생각해 보니 아무래도 패하고 말 것 같았다. 그래서 차라리 명나라 장수가 오는 길목까지 나가서 그들을 맞이하여, 한 걸음이라도 빨리 와서 구원케 함으로써 사태를 해결할 길을 찾는 것이 좋을듯했다.

저물녘에 종사관 홍종록과 신경진을 데리고 평양성을 나서서 늦은 밤에 순안에 도착했다. 도중에 회양에서 오는 이양원의 종사관 김정목을 만나 적군이 철령까지 들어왔다는 것을 알았다. 이튿날 숙천을 지나 안주에 이르니, 요동 진무 임세록이 또 왔다. 그에게서 공문을 받아서 행재소로 보냈다. 그 이튿날 임금께서는 이미 영변을 떠나 박천에 머물고 있다는 소식을 듣고 박천으로 달려갔다.

임금께서 동헌(東軒)에 거둥하시어 나를 불러 물으셨다.

"평양을 지킬 수 있겠소?"

"백성들이 자못 굳은 각오를 하고 있으니 지킬 수 있을 것 같습니다. 다만 원병이 속히 진군해야 되겠으므로 신이 이 일 때문에 왔습니다. 명나라 군대를 만나면 속히 달려가 구원해 달라고 부탁하려하오나, 지금까지 원병이오지 않고 있어 이 문제로 고민하고 있습니다."

내가 이렇게 대답했더니, 임금께서는 손수 윤두수가 올린 장계를 가져다 나에게 보이시며 물으셨다.

"어제 이미 노약자들을 성에서 내보냈다고 하오. 그렇다면 인심이 분명 동요하고 있을 터인데 어떻게 지킬 수 있겠소?"

"진실로 성상께서 염려하시는 대로입니다. 하오나 신이 그곳에 있을 때에는 그런 일을 보지 못 했습니다. 그곳의 형세를 보면 왜적은 반드시 얕은 여울목을 통해 강을 건널 것이므로 그 물속에다 마름쇠1)를 많이 뿌려 두어서 방비하는 것이 좋을 것입니다."

내가 이렇게 대답하니, 임금께서는 이 고을에 마름쇠가 있는지를 물어보게 하셨다. 수천 개가 있다고 아뢰니 임금께서는 급히 사람을 모집하여 평양으로 보내라고 하셨다. 나는 또 다음과 같이 건의했다.

"평양 서쪽의 강서·용강·증산·함종 등의 고을은 창고에 곡식이 많고 백성도 많은데, 적병이 이미 가까이 왔다고 들으면 반드시 놀라서 흩어질 것입니다. 속히 시종 한 사람을 파견하여 진정시키고, 군사를 정비하여 평양 방어를 지원하게 하는 것이 좋겠습니다."

"누구를 보내는 게 좋겠소?"

---

1) 마름쇠: 마름처럼 만들어진 쇳조각으로, 몰래 뿌려 두어 밟으면 발에 찔리게 되는 무기. 능철이라고도 한다.

"병조 정랑 이유징이 생각이 깊으니, 그를 보내면 좋을 것입니다."

나는 이렇게 말씀드리고 나서 하직 인사를 올렸다.

"신은 일이 급하여 여기에서 지체할 수가 없습니다. 밤을 새워 달려가서 명나라 장수를 영접해야 하겠습니다."

물러 나와서 이유징을 보고서 임금께 아뢴 내용을 말해 주었더니, 이유징은 깜짝 놀라며 말했다.

"그곳은 적의 소굴인데 어떻게 간단 말입니까?"

"국록을 먹고 있으면 험난한 일을 피하지 않는 것이 신하의 도리다. 지금 나라가 이렇게 위태로우니 비록 끓는 물 속이나 타오르는 불길 속이라 해도 피할 수 없거늘, 그곳에 한 번 가는 이 일을 어렵다고 하는가."

내가 나무라자 이유징은 아무 말이 없었으나 원망스러운 기색을 띠었다.

임금께 하직하고 나와 대정강²⁾ 가에 이르니 해가 이미 서쪽으로 기울었다. 머리를 돌려 광통원³⁾ 쪽을 바라보니 들판 여기저기로 군사들이 달려오고 있었다. 나는 평양이 함락되었나보다 생각하고, 군관 두어 명을 보내 모아오게 했더니 19명을 데리고 왔다. 그들은

---

2) 대정강(大定江): 가산의 동남쪽을 흐르는 강.
3) 광통원(廣通院): 박천 남쪽 15리 지점에 있던 원.

바로 의주·용천 등지의 군사들로 평양으로 가서 강 여울목을 지키던 자들이었다. 그들의 말에 의하면, 어제 적군이 왕성탄4)을 통해 강을 건너와서 강가에 있던 아군은 무너지고, 병사 이윤덕은 달아났다는 것이다. 나는 크게 놀라, 즉시 길에서 보고서를 써서 군관 최윤원에게 주고 행재소에 달려가 알리게 했다.

밤에 가산군에 들어갔다.

이날 저녁에 중전께서 박천에 이르렀다. 길에서 적군이 이미 북도에 들어갔다는 소식을 들었기 때문에 더 이상 가지 못하고 되돌아온 성싶었다.

통천 군수 정구가 사람을 시켜 선물을 보내왔다.

---

4) 왕성탄(王城灘): 능라도 근처에 있는 대동강의 여울목.

26 뚫린 평양 방어선

평양이 함락되었다.

임금께서는 박천에서 가산으로 옮겨 머물렀고, 동궁은 종묘 사직의 신주들을 모시고 박천에서 산골로 들어갔다.

앞서 적군은 대동강 모래펄 위에 10여 둔(屯)으로 나누어 초막을 짓고 주둔했는데, 강을 건너지 못한 채 여러 날이 지나자 경비가 자못 느슨해졌다. 김명원 등은 성 위에서 그것을 보고 밤을 타서 습격할 수 있겠다고 생각했다. 그래서 고언백 등에게 정예 군사들을 거느리고 부벽루 밑 능라도에서 몰래 배로 건너게 했다. 당초에는 삼경1)에 공격하기로 약속했으나, 시간을 놓쳐서 다 건너고 나니 벌써 새벽이었다. 그러나 초막 안의 적군은 아직 일어나지 않고 있었다.

드디어 제1진이 돌격을 하니 왜적은 놀라 혼란에 빠졌다. 토병 임욱경이 제일 먼저 달려들어 힘써 싸우다가 왜적에게 죽었으나, 아군은 많은 왜적을 사살하고 왜적의 말 3백여 필을 노획하기까지 했다. 조금 있으려니 다른 군의 왜적들이 모두 일어나 대규모로 몰려왔다. 아군은 물러나 도로 배로 달려갔으나 배에 있던 사람이, 왜적이 육박해 오는 것을 보고는 강 가운데에 떠 있으면서 배를 기슭

---

1) 삼경(三更): 밤 11시에서 오전 1시 사이.

에 갖다 대지 못 했다. 이래서 물에 빠져 죽은 군사가 부지기수였다. 아군의 나머지 군사들은 왕성탄에서 강물을 가로질러 건넜다.

이리하여 왜적은 비로소 그곳이 걸어서 건널 수 있을 만큼 물이 얕음을 알게 되었다. 이날 저물녘에 적은 대부대를 동원하여 왕성탄으로 강을 건넜다. 여울목을 지키던 아군은 활 한 번 쏘지 못하고 모두 흩어져 달아났다. 왜적은 강을 건너고 나서도 성안에 수비 태세가 갖추어져 있을 것이라고 생각하여 머뭇거리고 전진하지 않았다.

이날 밤에 윤두수와 김명원은 성문을 열어서 사람들을 모두 내보내고 군기·화포는 풍월루의 못 속에다 집어넣어 버렸다. 그러고 나서 윤두수 등은 보통문2)으로 나와 순안까지 왔으나 추격해 오는 적은 없었다. 종사관 김신원은 홀로 대동문으로 나가 배를 타고 흐름을 따라 강 서쪽으로 향했다.

이튿날 왜적은 성 밖에 와서 모란봉에 올라가 한참을 살펴보다가 성이 텅비고 아무도 없음을 알고 나서야 입성했다.

당초 임금 일행이 평양에 이르렀을 때 조정에서는 식량 조달 문제를 걱정했다. 그래서 각 고을에서 세금으로 거둬들인 곡식을 모두 실어다 평양에 들여놓았는데, 성이 함락되자 평양 창고에 보관하던 양곡 10여만 석은 모두 적의 손에 넘어가 버렸다.

---

2) 보통문(普通門): 평양의 서문(西門) 밖 토성(土城)의 성문.

그때 나의 장계가 박천에 도착하고, 순찰사 이원익의 종사관 이호민도 평양에서 와서 왜적이 대동강을 건넌 상황을 보고했다. 그래서 밤에 임금과 중전은 가산을 향해 출발하고, 세자에게는 종묘 사직의 위판을 모시고 다른 길로 가면서 곳곳에서 군사를 모집하여 나라를 되살릴 방도를 찾으라고 명하였다.

신하들도 두 갈래로 나누어 수행하게 되었는데 영의정 최흥원이 왕명으로 세자를 수행하게 되었다.

우의정 유홍도 세자를 수행하겠다고 자청했으나 임금께서는 대답하시지 않았다. 임금 행렬이 출발하자, 유홍은 길가에 엎드려 임금께 하직하고 가려 했다. 내관이 여러 차례 우상 유홍이 하직을 청한다고 아뢰었으나 임금께서는 끝내 대답하시지 않았다. 유홍은 끝내 동궁을 따라갔다.

당시 윤두수는 평양에서 미처 돌아오지 못 했기 때문에 행재소에는 대신이라고는 한 사람도 없었다. 오직 정철이 전직 상신(上臣)으로서 임금 행렬을 따랐을 뿐이다. 임금께서 가산에 당도했을 때는 벌써 오경3)이었다

---

3) 오경(五更): 오전 3시부터 5시 사이.

27 명나라 군의 군량 확보

임금께서 가산에서 정주로 옮겨 가셨다.

임금께서 평양을 떠난 이후로 인심이 사나워져서 행렬이 지나는 곳마다 난민이 창고에 들어가 곡물을 약탈하곤 했다. 순안·숙천·안주·영변·박천이 차례로 모두 함락되었다.

이날 임금 일행이 가산을 떠난 뒤, 군수 심신겸이 말했다.

"가산군에는 양곡이 제법 넉넉합니다. 관청에도 백미 1천 석이 있지요. 이 곡식을 명나라 군사의 군량으로 쓰려고 했는데 불행히 사태가 이 지경에 이르렀습니다. 공께서 잠시 머물러 계시면서 진정시키신다면 고을 사람들이 감히 함부로 날뛰지는 못하겠지만 그렇지 않으면 민란이 일어날 것입니다. 그럴 경우에는 소인도 이곳에 머물 수가 없을 것이기에 바닷가 쪽으로 피해 갈까 합니다."

심신겸의 명령은 이미 그 부하들에게 먹혀들지 못 했다. 오직 내가 처음부터 데리고 다니던 군관 여섯 명과, 도중에서 만나 데리고 온 패잔병 열아홉 명이 모두 활과 화살을 지니고 늘 나의 곁에 있었다. 심신겸은 이들의 힘을 빌려 자신을 보호할 생각으로 나에게 그렇게 말했던 것이다.

나는 차마 곧바로 떠날 수가 없어서 얼마간 대문에 앉아 있었다. 어느덧 한낮이 지났다. 다시 생각해 보니, 임금의 명령도 없이 마음대로 여기에 머물러 있으면서 가지 않는다는 것은 도리에 합당치가 못했다. 그래서 드디어 심신겸과 작별하고 가산을 떠났다. 서쪽으로 15리쯤 가서 효성령에 올랐을 때 머리를 돌려 가산을 바라보니 성 안은 이미 혼란에 빠져 있었다. 심신겸은 창고의 곡식을 모두 빼앗기고 달아나 버렸다.

그 이튿날 임금께서는 정주를 떠나 선천으로 가셨다. 나는 정주에 머물러 있으라는 명을 받았다.

정주 백성들은 이미 사방으로 흩어져 피난을 가고, 늙은 아전 백학송 등 두어 사람만이 성에 남아 있을 뿐이었다. 나는 길가에 엎드려 성을 나서는 임금 행차를 전송하고, 눈물을 머금으며 연훈루 아래에 앉아 있었다. 군관 두어 사람이 좌우의 섬돌 아래에 섰고, 길에서 만나 데리고 다니는 패잔병 열아홉 명도 아직 떠나가지 않고 길가 버드나무에 말을 매어 놓고 함께 둘러앉아 있었다.

날이 저물어 갈 무렵, 몽둥이를 든 사람들이 성 밖에서 잇달아 남문으로 들어와 왼편으로 가는 게 보였다. 군관을 시켜 가 보게 했더니 이미 수백 명이 창고 안에 있더라고 했다. 생각해 보니 내가 거느린 사람들은 수도 적고 힘도 약한데 만약 난민이 더욱 많아지면 그들을 제압하기 어려울 것 같았다. 그래서 난민 무리 중에 비교적 약해 보이는 쪽을 먼저 공격해서 놀라 흩어지게 하는 것이 좋겠다고 작정했다.

이때 성문을 보니 10여 명이 또 잇달아 오고 있었다. 나는 급히 군관을 불러 그 열아홉 명의 군졸을 데리고 가서 그들을 잡아 오라고 지시했다. 그 사람들은 군사들이 잡으러 오는 것을 보고는 달아나기 시작했다. 뒤쫓아 가서 아홉 명을 잡아 왔다. 즉시 머리를 풀어 헤치고 손을 뒤로 돌려 마주 묶은 다음 발가벗겨서 창고 가의 길로 조리를 돌리게 했다. 그리고 10여 군졸에게 그 뒤를 따라가며 이렇게 외치라고 시켰다.

"창고를 약탈하려는 도적을 잡아서 참형하고 효수를 하려고 하니 성안의 사람들은 구경하시오."

창고 안에 모여 있던 자들은 이 광경을 보고는 질겁하여 모두 서문으로 달아났다. 이렇게 하여 정주의 창고에 있던 곡식을 겨우 보전할 수 있었고, 용천·선천·철산 등의 고을에서도 창고를 약탈하려는 자가 없게 되었다.

정주 판관 김영일은 무인인데 평양에서 도망쳐 와서는 처자를 바닷가 마을에 데려다 두고서 창고의 곡식을 훔쳐 보낼 작정을 하였다. 나는 그 사실을 듣고 그를 잡아다 죄를 물었다.

"네가 무장으로 싸움에 지고도 죽지 않았으니 그 죄가 사형에 처할 만하다. 그런데 또 감히 관의 곡식을 훔쳐낼 생각을 한단 말이냐. 이 양곡은 앞으로 명나라 군사의 군량이 될 곡식이다. 네가 마음대로 가져갈 수 있는 것이 아니다."

그러고 나서 곤장 60대를 쳤다.

얼마 뒤 좌상 윤두수·원수 김명원, 무장 이빈후 등이 평양에서 정주로 왔다. 임금께서 정주를 떠나실 때, 만약 좌상이 오거든 역시 정주에 머물러 있게 하라고 명하셨으므로 내가 임금의 명을 전했다. 그러나 좌상은 아무런 대답도 없이 곧바로 행재소를 향해 가 버렸다. 김명원과 이빈 등에게 남아서 정주를 지키도록 하고 나도 역시 임금 일행을 뒤따라 용천으로 갔다.

그때는 이미 각 고을에 평양이 함락되었다는 소식이 퍼져 있었다. 그래서 백성들은 적군이 뒤따라 올 것이라 생각하여 모두 산골짜기로 숨어버려서 길에는 사람 하나 볼 수가 없었다. 들으니 강계 등 압록강 연안에 이르기까지 모든 고을이 다 그렇다고 했다. 곽산 산성 아래에 이르니 갈림길이 나왔다. 하졸에게 이 길은 어디로 가는 길이냐고 물으니 귀성으로 가는 길이라고 했다. 나는 말을 세우고 종사관 홍종록을 불러 말했다.

"각 고을의 곡식 창고가 한결같이 텅 비어있네. 이래서야 명나라 군사가 온다고 해도 무엇을 먹이겠는가? 이 지역에서는 오직 귀성 한 고을만이 비축해 둔 곡식이 넉넉하다고 들었는데, 그곳도 아전과 백성들이 모두 도망가고 없어서 운반할 길이 없다고 하네. 자네는 전에 귀성에 오래 있었으니 자네가 왔다는 소식을 들으면 그곳 사람들은 산골짜기에 숨어 있다가 왜적의 형세를 듣고 싶어 찾아올 것일세. 자네는 급히 귀성으로 가서 그곳 백성들을 타이르게. '적군이 평양에 들어오기는 했으나 아직 그곳에서 나오지 않았고, 지금 명나라 군대가 대규모로 구원하러 오고 있으니 전세가 역전될 날이 멀지 않았다. 다만 걱정스러운 것은 온 도에 양곡이 부족한 것이다. 벼슬아치와 아전을 가릴 것 없이 고을 사람이 힘을 다하여 군량을 운반하라. 그리하여 군량이 떨어지지 않게 한다면 후일 반드시 큰 상이 내릴 것이다.' 이렇게 말한다면 아마 모두 한마음으로 협력하여 정주·가산까지 곡식을 운반할 수가 있을 것일세."

홍종록은 비장한 표정으로 응낙하고 나와 헤어져 귀성으로 갔다. 나는 용천으로 향했다.

홍종록은 기축옥사1)에 연루되어 귀성에서 귀양살이를 했다. 그러다가 임금께서 평양에 도착한 뒤에 비로소 귀양에서 풀려나 사옹정2)에 임명되었다. 인품이 진지하고 성실하며, 자기 안전을 돌보지 않고 나랏일에 몸을 바쳐 좋고 궂은일을 가리지 않고 힘껏 해낼 각오가 되어 있는 사람이다.

---

1) 기축옥사(己丑獄事): 1589년(선조 22년), 정여립(鄭汝立)의 모반 사건을 계기로 하여 일어난 옥사
2) 사옹정(司饔正): 사옹원(司饔院)의 으뜸 벼슬. 사옹원은 궁중의 음식에 관한 일을 맡아보던 관청.

28 눈물의 원병 요청

임금께서 의주에 도착했다. 명나라 장수의 참장(參將) 대(戴) 아무 개와 유격장군 사유가 각각 한 부대의 군대를 거느리고 평양을 향하여 가다가 임반역1)에 이르러 평양이 이미 함락되었다는 소식을 듣고 역시 의주로 되돌아 와 주둔했다.

또한 명나라 조정에서 군사들을 먹이는 데 쓸 은 2만 냥을 하사하여, 명나라 관리가 가지고 의주에 도착했다.

이에 앞서 요동에서는 우리나라에 왜적이 침입했다는 소식을 듣고 즉시 명나라 조정에 보고했다. 그런데 조정의 의논은 분분하고 한결같지가 않았다. 심지어는 우리가 왜적의 길잡이 노릇을 하고 있다고 주장하는 사람도 있었다. 이런 분위기 속에서 병부 상서(兵部尙書) 석성(石星)만이 우리나라를 구원하는 데 비상한 관심을 보였다. 그때 우리 사신 신점이 옥하관2)에 묵고 있었는데, 석 상서가 불러서 갔더니 요동에서 보내온 문서를 꺼내 보였다. 왜적의 침범을 보고하는 문서였다.

---

1) 임반역(林畔驛: 선천(宣川) 북쪽 25리 지점에 있던 역.
2) 옥하관(玉河館): 북경으로 간 우리나라 사신이 묵는 곳.

신점은 글을 읽자마자 소리 내어 울었다. 그러고는 일행과 함께 아침저녁으로 통곡하며 우선 구원병을 보내 달라고 요청했다. 그래서 석 상서가 황제께 두 부대의 군대를 파견하여 조선 국왕을 호위하게 하고, 군사들을 먹이는 데 쓸 은을 내려 주자고 아뢰었던 것이다.

신점은 귀국길에 올라 통주에 이르렀다. 그즈음 우리나라의 다급한 상황을 알리기 위해 북경으로 가는 우리나라 사신 정곤수가 뒤이어 도착했다. 석 상서는 그를 화방3)까지 맞아들여 친히 전쟁 상황을 묻고 눈물을 흘리기까지 했다고 한다.

이때에 우리나라에서는 사신을 연달아 요동에 보내어 급박함을 알리고 구원을 요청했으며, 자진하여 명나라에 합병되겠다고 빌기까지 했다. 적이 이미 평양을 함락시켰으니만큼 그 밀고 오는 형세는 마치 지붕 위에 물병을 엎질러 놓은 듯했다. 압록강까지 밀어닥치는 것은 시간문제라고 생각했다. 사정이 그 정도로 다급했기 때문에 명나라에 합병될 궁리까지 했던 것이다. 다행히 적은 평양에 입성한 뒤로는 몇 달째 성안에만 웅크리고 앉아, 평양에서 엎어지면 코 닿을 데에 있는 순안·영유와 같은 곳에도 침범해 오지 않았다.

---

3) 화방(火房): 다사로운 방. 온돌식이 아닌 중국의 가옥구조에서 다사로운 방은 특별한 의미를 지닌다.

그 덕분에 민심이 조금씩 안정을 되찾고 남은 국력을 재정비할 수 있었으며, 명의 구원병을 맞아들여 마침내 나라를 되찾게 되었다. 이는 실로 하늘이 도우심이요 사람의 힘으로 이룰 수 있는 일이 아니었다.

29 명나라 군을 위한 지원 준비

7월에 요동 부총병(遼東副摠兵) 조승훈이 군사 5천 명을 거느리고 구원하러 왔다. 구원하러 온다는 통보가 먼저 왔는데, 그때 나는 치질을 앓아 자리에서 일어나지 못할 정도로 고통이 심했다. 임금께서는 좌상 윤두수에게 명나라 군대가 지나는 고을에 나가 군사들의 식량을 주선하라고 명했다. 나는 종사관 신경진을 시켜 대신 아뢰게 했다.

"현직 대신 중 행재소에 있는 사람이 윤두수뿐인데 그가 나가면 안 됩니다. 신이 이미 명나라 장수를 접대하라는 명을 받았으니, 비록 병을 앓고 있기는 하나 가서 힘껏 주선하겠습니다."

임금께서 허락하셨다.

7일, 아픈 걸 참고 간신히 일어나 행궁으로 하직 인사를 드리러 갔더니 안으로 들어오라고 하시므로 기다시피 하며 들어가 아뢰었다.

"소관1) 이남부터 정주·가산까지는 5천 명의 군사가 하루 이틀 동안 먹을 것은 그때그때 마련할 수 있으나, 안주·숙천·순안 세 고을에는 비축된 양곡이 전혀 없습니다. 때문에 명나라 군사가 이곳을 통과하기 전에 먼저 사흘 치 양식을 마련해서 안주 이남에서

---

1) 소관: 의주(義州) 동남쪽 30리 지점에 있던 역이자 창고의 소재지.

먹일 수 있도록 준비해야 할 것입니다. 평양성 안에는 곡식이 많이 남아 있기 때문에 만약 군대가 평양에 도착하자마자 성을 되찾으면 군량은 넉넉할 것입니다. 또 즉시 성을 탈환하지 못하고 포위한 채 여러 날 끌더라도 평양 서쪽의 세 고을에 있는 곡식을 운반해 오면 군량이 떨어지는 일은 없을 것입니다. 이러한 자세한 사정을 여기 있는 신하들을 시켜 명나라 장수들과 상의하여 융통성 있게 조절하여 상황을 봐 가며 대처할 수 있게 하십시오."

임금께서는 좋다고 하셨다.

행궁을 나서는데 임금께서 웅담과 납약[2]을 내려 주셨다. 내의원에 딸린 용운이란 종이 성문 밖 5리 지점까지 나를 전송하며 통곡했다. 전문령[3]에 올랐을 때까지도 통곡하는 소리가 들렸다.

저녁에 소관역에 도착했는데, 역의 아전들은 모두 달아나 그림자 하나 볼 수 없었다. 군관을 시켜 촌락을 뒤지게 했더니 두어 사람을 찾아서 데리고 왔다. 나는 그들을 격려하며 타일렀다.

"나라에서 평소에 너희들을 보살피는 것은 오늘날과 같은 때에 쓰자는 것인데 어찌 달아날 수 있단 말이냐? 지금 명나라 군사가 오고 있고 나라의 운명이 몹시도 위급하다. 이때야말로 너희들이 공을 세울 기회다."

---

2) 납약(臘藥): 섣달그믐날에 즈음하여 임금이 근신(近臣)에게 하사하는 약으로, 섣달에 내의원에서 만든 소합원(蘇合元)・안신원(安神元)・청심원(淸心元) 같은 한약.
3) 전문령(箭門嶺): 의주 동남쪽 20리 지점에 있는 고개.

그러고는 공책 한 권을 꺼내어 먼저 군관이 데려온 자들의 이름을 써서 보이며 말했다.

"후일 이것을 가지고 공로의 등급을 정하여 임금께 아뢰어 상을 내리시게 할 것이다. 이 기록에 없는 자는 일이 끝나고 난 다음에 일일이 조사하여 처벌할 터이니 그때는 벌을 면치 못할 것이다."

그때부터 찾아오는 자들이 줄을 이었다.

"소인네는 일이 있어 잠시 나갔을 뿐입니다. 어찌 감히 맡은 일을 기피했겠습니까? 책자에 이름을 적어 주시기 바라옵니다."

그들은 하나같이 이렇게 말했다.

나는 인심을 수습할 수 있음을 알고 즉시 각처에 공문을 보내어 이 선례에 따라 공을 기록하는 장부를 만들어 각자의 공로를 기록해 두었다가 후일 보고하여 상벌을 주는 데에 증빙 자료가 되게 하라고 했다.

이리하여 명령을 들은 사람들이 다투어 나와 땔 나무와 풀을 운반하고 임시로 집을 얽어 만들고 가마솥을 설비하여 며칠 사이에 모든 일이 조금씩 자리가 잡혀갔다. 나는 가뜩이나 전쟁에 시달리는 백성들을 몰아쳐 부려서는 안 된다고 생각하고, 정성껏 타이를 뿐 한 사람도 매질을 하지는 않았다.

정주에 이르렀다. 홍종록이 귀성 사람을 모두 동원하여 2천여 석이나 되는 말 먹이 콩과 좁쌀을 정주·가산에 가져다 놓았다. 나는 오히려 원병이 안주에 도착한 이후의 일이 걱정되었다. 그런데 마침 충청도 아산창(牙山倉)의 세미(稅米) 1천 2백 섬을 실은 배가 행재소로 가는 길에 정주의 입암에 머무르고 있었다. 나는 매우 기뻐하며 즉시 행재소로 장계를 올렸다.

"먼 곳에 있던 양곡이 미리 약속이라도 한 듯 때 맞춰 도착하였사오니, 이는 하늘이 나라를 다시 일으키도록 도운 듯합니다. 이 양곡을 가져다 군량에 충당하도록 해주십시오."

그리고는 수문장 강사응을 시켜 입암으로 달려가 그중 2백 석은 정주에, 2백 석은 가산에, 그리고 8백 석은 안주에 각각 운반하도록했다. 다만 안주의 경우는 왜적이 가까운 곳에 있기 때문에 당분간 배를 육지에서 멀리 떨어져 정박시키고 기다리게 했다.

선사포 첨사(宣沙浦僉使) 장우성은 대정강에 부교를 만들고, 노강 첨사 민계중은 청천강에 부교를 만들어 명나라 군사가 강을 건널 준비를 갖추었다. 나는 앞질러 안주에 가서 군대에 필요한 물품들을 준비했다. 그때 왜적은 평양성에서 오랫동안 나오지 않고 있었고, 순찰사 이원익은 병사 이빈과 함께 순안에, 도원수 김명원은 숙천에, 나는 안주에 각각 주재하고 있었다.

30 명나라 군대, 평양 공격에 실패하다

7월 19일, 총병 조승훈이 거느린 명나라 군대가 평양을 공격했으나 전세가 불리하여 후퇴했다 이 전투에서 명나라 유격장군 사유가 전사했다.

이에 앞서 조승훈이 의주에 이르렀을 때, 사유는 그의 군대를 거느리고 선봉이 되었다. 조승훈은 요동의 용맹한 장수로서 여러 차례 북방 오랑캐와 싸워서 공을 세운 적이 있었다.

그는 그때 평양을 향해 떠나면서 '왜적을 꼭 쳐부수겠다.'고 큰소리치고는 가산에 이르러 우리나라 사람에게 물었다.

"평양의 왜적이 아직 달아나지 않았는가?"

"아직 물러가지 않았습니다."

그러자 조승훈은 술잔을 들고 하늘을 우러러 자축하기까지 했다.

"왜적이 아직 있다니, 이는 하늘이 내게 큰 공을 세울 기회를 주는 것이로다."

조승훈은 이날 삼경에 순안에서 군대를 출동시켜 평양을 공격했다. 마침 큰비가 내려 성 위에는 왜적의 파수병이 없었다. 명나라 군사는 평양성의 북문인 칠성문을 통해 성안으로 들어갔으나 좁고 꼬불꼬불한 골목길이 많아서 말이 달릴 수가 없었다. 반면 적군은 험한 곳에 의지하여 조총을 마구 쏘아 댔다. 이 통에 사 유격이 맞아 쓰러지고 군사와 말도 많이 죽었다. 조승훈은 하는 수 없이 군대를 퇴각시켰는데 적군은 그리 다급하게 추격하지는 않았다. 뒤처진 군사 중에 진흙 구렁에 빠져서 헤어 나오지 못한 자는 모두 적군에게 살해되고 말았다.

조승훈은 나머지 군사들을 이끌고 되돌아와 순안·숙천을 지나서 밤중에 안주성 밖에 이르러 말을 세우고 통역관 박의검을 불러 말했다.

"아군이 오늘 싸움에 많은 적병을 죽였다. 그러나 불행하게도 유격장군 사유가 전사하고 말았다. 게다가 날씨마저 궂어서 큰비가 내리고 땅이 질척하여 적을 섬멸하지 못 했다. 그러나 군사를 증원시켜 다시 진격할 것이다. 너의 나라 재상에게 동요하지 말라고 전하고, 부교 또한 철거하지 말라고 전하라."

말을 마치자 그는 내달려 두 강을 건너 공강정에 군대를 주둔시켰다. 조승훈은 싸움에 패배하고 겁이 났을 것이다. 그는 적병이 추격해 올 게 겁나서 두 강으로 앞을 가로막고 싶었기 때문에 그렇게 서둘렀던 것이다. 나는 종사관 신경진을 조승훈의 군진에 보내 위로하게 하고, 양식과 음식을 보내 주었다.

조승훈이 공강정에 주둔하고 있는 이틀 동안 밤낮으로 큰비가 내렸다. 군사들은 들판에 노숙하고 있었으므로 갑옷이 다 젖어 모두 조승훈을 원망했다. 그는 얼마 있다가 요동으로 되돌아가 버렸다.

나는 민심이 동요할까 우려되어, 임금께 아뢰어 그대로 안주에 머물러 있으면서 후속 부대가 도착하기를 기다렸다.

31 이순신의 첫 승리

전라수군절도사 이순신이 경상우수사 원균과 전라우수사 이억기 등과 함께 거제 바다에서 적군을 크게 격파했다.

이에 앞서 적군이 상륙했을 때 원균은 어마어마한 적군의 숫자를 보고는 감히 나가 싸우지도 못하고, 자기 휘하의 전선 1백여 척과 화포·군기들을 모두 바다에 침몰시켜 버렸다. 그러고는 자기 밑에 있는 비장이 영남·이운룡 등과 함께 네 척의 배를 타고 곤양 바다 어귀로 달아나 육지에 올라 적을 피하려고 했다. 이 때문에 수군 1만여 명이 모두 뿔뿔이 흩어졌다. 이영남은 원균에게 충고했다.

"공은 임금이 명한 수군절도사입니다. 그런데 지금 군사를 버리고 육지에 올라간다면 나중에 조정에서 죄를 문책할 때에 어떻게 변명하겠습니까? 전라도에 원병을 요청하여 적과 싸우셔야 합니다. 싸워서 이기지 못한다면 그때 가서 달아나도 늦지가 않습니다."

원균도 그것이 좋겠다고 생각하고, 이영남을 이순신에게 보내 지원을 요청하게 했다. 그러나 이순신은 그 요청을 거절했다.

"각자가 맡은 지역이 있는데, 조정의 명령도 없이 어떻게 마음대로 경계를 넘을 수가 있겠는가?"

원균은 이영남을 다시 보내 구원을 요청했다. 이러기를 무려 대여섯 차례나 되풀이했는데, 이영남이 이순신에게 갔다가 돌아올 적마다 원균은 뱃머리에 앉아서 바라보고는 통곡하곤 했다.

얼마 뒤에 이순신은 판옥선 40척을 거느리고 이억기와 함께 거제로 왔다. 거기서 원균과 합류하여 전진, 견내량에서 적선과 맞닥뜨렸다.

"여기 바다는 목이 좁고 수심이 얕아서 배를 돌리기가 어렵습니다. 짐짓 물러나는 체하며 적을 유인하여 너른 바다로 나가서 전투를 벌이는 것이 좋겠습니다."

이순신이 이렇게 말했으나 원균은 분김에 곧바로 전진하여 싸우려 했다.

"공은 병법을 모르는가 봅니다. 이러다가는 패하고 말 것입니다."

그러고서 이순신은 깃발을 올려 자기가 끌고 온 배들을 모두 물러나게 했다. 그걸 보고 적은 좋다구나 하고 다투어 따라 나왔다. 좁은 목을 완전히 벗어났을 즈음 이순신이 북을 한 번 울리자 배들은 일제히 노를 돌려 곧장 적선을 들이받을 기세로 바다 위에 늘어섰다. 적선과의 거리는 수십 보 정도였다.

이순신은 미리부터 거북선을 만들어 두고 있었다. 거북선은 판자로 배 위를 둥그렇게 덮어 모양이 마치 거북과 같았고, 전투를 하는 병사와 노 젓는 인부까지 모두 그 안에 있게 되어 있다. 배의 앞과 뒤, 양옆에는 많은 화포를 싣게 되어 있으며, 가로 세로로 통로가 만들어져 있어서 베 짜는 북처럼 사람이 자유롭게 다닐 수 있었다. 적선을 만나면 연달아 화포를 쏘아 부수었다. 군의 배들이 일제히 공격하자 연기와 불길이 하늘에 차오르고 무수한 적선이 불길에 휩싸였다. 한 적장이 누선1)에 타고 있었는데, 배의 높이가 두어 길이나 되었으며, 위에다 전망대를 만들고 붉은 비단과 색깔 있는 담요를 둘러쳐 놓았다 이 배 역시 아군의 대포에 부서지고, 적군은 모두 물에 빠져 죽었다. 그 뒤로도 왜적은 잇달아 싸웠으나 모두 패배하고, 마침내 달아나서 부산·거제로 숨어들고 다시는 나오지 않았다.

어느 날 이순신은 전투를 지휘하다가 왼쪽 어깨에 유탄을 맞았다. 피가 발꿈치까지 흘러내렸으나, 이순신은 말 한마디 없이 견뎠다. 전투가 끝난 다음에야 비로소 칼로 살을 도려내고 탄환을 끄집어 내었는데, 탄환은 살 속에 두어 치나 깊이 박혀 있었다. 보던 사람들은 얼굴빛이 파랗게 질렸으나 이순신은 아무 일 없다는 듯 웃으며 이야기했다.

승리했다는 보고가 들어오자 조정에서는 다들 무척이나 기뻐했다. 임금께서는 이순신의 품계를 1품으로 올려 주려 했으나, 말하는 이들이 과분하다고 하여 정2품 정헌대부(正憲大夫)로만 올려 주고, 이억기와 원균은 종2품 가선대부(嘉善大夫)로 올려 주었다.

---

1) 누선(樓船): 상갑판 위에 사령탑으로 쓰이는 다락을 갖춘 고대 군선(軍船). 중국에서는 한무제(漢武帝) 때 누선 형태의 배가 등장했다고 하며, 우리나라에서도 고려 태조 왕건이 누선 10척으로 개경(開京)에서 나주(羅州)까지 원정을 갔다고 하며, 신라시대 장보고가 사용한 대형 무역선에도 갑판 위에 다락이 있었다고 한다.

이 싸움이 있기 전에 적장 고니시 유키나가가 평양에 이르러 우리 쪽에 이런 편지를 보낸 적이 있다.

일본의 수군 10만여 명이 또 서해로 들어올 것인데 그렇게 되면 대왕의 행차가 여기에서 어디로 가시렵니까?

왜적은 본래 수군과 육군이 합세하여 서도로 진격할 심산이었던 것이다. 그런데 이 한 번의 승리가 적의 한쪽 팔을 끊은 셈이었으므로 고니시 유키나가가 평양을 점령하고서도 군세가 고립되어 감히 더 전진하지 못 했던 것이다.

또한 이 한 번의 승리로 우리나라는 전라·충청도에서 황해·평안도까지 연결되는 해안선을 확보할 수 있게 되었다. 그 덕분에 군량 조달이 순조롭게 이루어지고 명령을 전달할 수 있어서 나라가 다시 일어설 수 있었다. 또 요동의 금주·복주 해주·개주 천진 등지도 전쟁에 휘말리는 사태를 면하게 되었고, 명나라 구원병이 육로로 와서 구원하여 적을 물리친 것도 모두 이 한 번 싸움에서 승리한 공이었다. 아아, 어찌 하늘의 뜻이 아니랴!

이순신은 이를 계기로 경상·전라·충청 3도의 수군을 통솔하고 한산도에 주둔하여 적군이 서도로 침범하지 못하도록 막았다.

32 조호익, 강동에서 군사를 일으키다

의금부 도사(義禁府都事)를 지낸 조호익이 강동에서 군사를 모집하여 왜적을 토벌했다.

조호익은 창원 사람이다. 그는 지조와 학행이 있는 사람인데, 모함을 받아 온 집안이 강동으로 옮겨 살았다. 생활이 어려워서 아이들을 가르치며 먹고 살아온 지 거의 20여 년이 되었으나 그는 지조를 더욱 굳게 지녔다. 임금께서는 평양에 이르러서 그의 죄를 사면하고 불러서 의금부 도사에 임명했다.

평양이 포위되자 조호익은 강동에 가서 군사를 모집하여 평양을 구원하려 했다. 그러나 얼마 지나지 않아 평양이 함락되고 군사와 백성이 모두 달아나자 조호익은 행재소로 돌아가는 참이었다.

나는 양책역[1]에서 그를 만나게 되어 이렇게 말했다.

"명나라 군사가 곧 올 것이네. 그러니 자네는 의주로 가지 말고 강동으로 되돌아가서 군사들을 모집하여 명나라 군사와 평양에서 만나 군세를 돕도록 하게."

조호익은 내 말대로 따르겠다고 했다. 그래서 나는 자세한 내용을 조정에 장계로 보고하고, 기병문을 작성하여 조호익에게 주고,

---

1) 양책역: 용천(龍川) 북쪽 20리 지점에 있던 역.

군대에 필요한 무기 등도 도와주었다. 조호익은 강동으로 가서 수백 명의 군사를 모집하여 상원에 나와 진을 치고, 많은 적을 베었다.

조호익은 글 읽는 선비라, 활 쏘고 말 타는 일에는 익숙지 못하다. 다만 충성하는 도리로 군사들의 마음을 격려했고, 동짓날에는 사졸들을 거느리고 행재소가 있는 쪽을 바라보며 네 번 절하고 밤새도록 통곡했다. 군사들도 모두 그를 따라 눈물을 흘렸다.

33 웅령 전투로 전라도를 지키다

적군이 전라도를 침범했다. 김제 군수 정담과 해남 현감(海南縣監) 변응정이 끝까지 싸우다가 전사했다.

왜적은 경상우도로부터 전주 어름으로 들어갔고, 정담과 변응정 등은 웅령1)에서 적을 막았다. 두 사람은 목책을 만들어 산길에 가로질러 두고 장졸들을 독려하여 하루 종일 치열하게 싸워서 수많은 적군을 사살했다. 적은 결국 물러나려고 했다. 그런데 마침 날이 저물기 시작하고 아군은 화살이 다 떨어졌다. 이런 눈치를 챈 적이 다시 공격해 와, 두 사람 모두 전사하고 아군은 무너지고 말았다.

이튿날 왜적은 전주에 이르렀다. 관리들은 달아나려고 했다. 그때 고을 사람 중에 전적을 지낸 이정란이 성안에 들어가서 아전과 백성들을 불러 모아 성을 굳게 지켰다.

왜적은 많은 정예 군사가 웅령에서 죽고 난 뒤라 기세가 이미 한풀 꺾여 있던 참이었다. 게다가 감사 이광이 성 밖에다 낮에는 수많은 기치를 늘어세우고, 밤에는 산에 가득 횃불을 늘어세워서 군사가 진치고 있는 것처럼 꾸몄다. 그랬더니 왜적은 성 밑에 와서 두어 번 둘러보고는 감히 공격하지 못하고 갔다. 그러고는 웅령 전투에

---

1) 웅령: 진안 서쪽30리 지점에 있는 웅치를 가리키는 듯.

서 전사한 아군의 시체들을 모아 길가에 매장하여 큰 무덤을 몇 개 만들고, 그 위에 나무를 세워 이렇게 써 두었다.

조선국의 충성스럽고 의로운 넋을 위로한다(조조선국충간의담弔朝鮮 國忠肝義膽).

아군이 힘을 다해 용맹하게 싸운 것을 칭찬한 것이다.
이리하여 전라도만은 보전될 수 있었다.

34 이원익과 이빈, 평양 공격에 실패

8월 초하루, 순찰사 이원익과 순변사 이빈 등이 군사를 거느리고 평양을 공격했으나 전세가 불리하여 후퇴하고 말았다.

당시 이원익과 이빈은 수천 명을 거느리고 순안으로 가고, 별장 김응서 등은 용강·삼화·증산·강서 네 고을의 군사를 20여 둔으로 편성하여 평양의 서쪽에 주둔하고 있었고, 김억추는 수군을 거느리고 대동강 하류에 있으면서 서로 호응할 태세를 취하고 있었다.

이날, 이원익 등이 평양성 북쪽에서 진군해 가다가 적의 선봉을 만나 적병 20여 명을 사살했는데, 조금 뒤에 적군이 대규모로 몰려오자 아군은 놀라 무너지고 말았다. 압록강 연안 지방 출신의 힘과 담력 있는 군사들이 많이 죽고 다쳤다. 그래서 순안에 되돌아와 주둔했다.

35 단신으로 평양 적 중에 선 심유경

9월에 명나라 유격장군 심유경(沈惟敬)이 왔다.

조승훈(祖承訓)이 평양 공격에 실패하고 난 뒤 적은 더욱 교만해져서 아군에게 이런 편지를 보내기까지 했다.

양 떼가 호랑이를 공격하는 격이다.

양 떼는 명나라 군대를 비유한 것이고, 호랑이는 스스로를 자랑한 말이다. 그들은 머지않아 의주 쪽으로 쳐내려갈 것이라고 떠들어 댔다. 그래서 의주 사람들은 모두 짐을 싸고 당장이라도 피난할 채비를 하고 있었다.

심유경은 절강(浙江) 사람이다. 병부 상서 석성은 평소 그가 왜의 사정을 잘 안다고 생각하고 있었기 때문에 임시로 유격장군의 직함을 주어 내보낸 것이다.

그는 순안에 도착해서 일단 왜의 장수에게 편지를 보냈는데, 그 편지에서 명나라 황제의 명령이라며 이렇게 꾸짖었다.

조선이 일본에 대해 무엇을 잘못 했기에 일본이 함부로 군사 행동을 한다는 말이냐.

왜란이 갑자기 일어났고 또 그들이 잔학하기 짝이 없었으므로, 사람들은 겁을 내어 감히 왜의 진영에 가까이 갈 엄두를 내지 못하던 때였다.

그런데 심유경은 누런 보자기에 편지를 싸서 자기 하인 한 사람에게 왜의 진영에 갖다주라고 했다. 그 하인은 혼자서 편지를 등에 메고 말을 타고 곧바로 보통문으로 달려 들어가 전했다. 적장 행장은 그 편지를 보고는 즉시 회답을 보내어 직접 만나서 일을 의논하자고 요구했다. 심유경이 왜적의 진중으로 가려 하자 사람들은 모두 위험한 일이라고 생각했고, 가지 말라고 말리는 이도 많았다. 그러자 심유경은 큰소리를 쳤다.

"저들이 어찌 나를 해칠 수 있겠는가."

그러고는 하인 서너 명만 데리고 적진으로 갔다.

고니시 유키나가, 소 요시토시, 겐소 등 적장들은 어마어마한 군사 행렬을 갖추어 위세를 보이며 평양성에서 북쪽으로 10리 지점인 강복산 아래까지 나와 심유경을 맞이했다. 아군이 대흥산 꼭대기에 올라가 바라보니 왜군의 수가 매우 많고 칼과 창의 서슬이 눈처럼 푸르렀다. 심유경이 말에서 내려 왜군의 진중으로 들어가자 뭇 왜병이 사방에서 그를 둘러쌌다. 붙잡혀 억류당하지나 않을까 의심이 날 정도였다. 날이 저물어서 심유경이 돌아왔는데, 왜적들이 매우 공손하게 전송해 주었다고 했다.

이튿날 고니시 유키나가가 심유경에게 편지를 보내어 안부를 물었다. 편지에는 이렇게 쓰여 있었다.

대인께서는 어제 서슬 푸른 칼날 속에 있으면서도 안색 하나 변하지 않으셨으니 비록 일본인이라도 그보다 태연할 수는 없었을 것입니다.

심유경은 이렇게 회답했다.

너희는 당나라 때 곽영공[1]이란 이가 있었다는 사실을 듣지 못 했는가? 그는 홀몸으로 회흘의 1만 군진 중에 들어가서도 두려워한 적이 없었다. 내 어찌 너희를 두려워할까 보냐.

그리고 왜적과 이렇게 약속했다.

내가 돌아가서 황제께 보고하면 의당 어떤 처분이 있을 것이다. 앞으로 50일 동안 왜인은 평양에서 서쪽과 북쪽으로 10리를 벗어나서

---

1) 곽영공(郭領公): 중국 당나라의 무장 곽자의를 말한다. 안녹산의 난을 토벌하는 데 큰 공을 세웠고, 토번(티베트)이 창안을 치려 하자 회흘(위구르)을 회유하고 토번을 무찔러 당나라를 구했다. 당시 으뜸가는 무공을 세운 것으로 칭송되었고, 당나라 최고의 공신으로 대우받으며 분양왕에 봉해지기도 했다. 그는 이런 명성과 함께 부귀영화를 누렸고, 슬하에 많은 자녀를 두었으며, 80살이 넘도록 장수하여 인간으로서 누릴 수 있는 복을 거의 전부 누린 사람으로 꼽힌다. 그 때문에 우리나라 고전소설에서 복을 말할 때는 곧잘 곽자의에 빗대어 말하곤 한다.

싸울 수 없고, 조선인은 평양성의 10리 안으로 들어가서 왜와 싸우지 못한다.

그러고는 경계에다 말뚝을 박아 표시해 놓고 돌아갔다. 우리나라 사람들은 앞으로 판세가 어찌 될지 도무지 짐작할 수가 없었다.

36 경기감사 심대, 죽어서도 서슬푸른 얼굴

경기감사 심대가 적의 습격을 받아 삭녕에서 전사했다.

심대는 의협심이 강한 사람으로 왜란이 일어난 이후 항상 울분에 차 있었다. 임금의 명을 받들어 나고 들 적에도 위험하고 어려운 일을 피하지 않았다. 그해 가을에 권징의 후임으로 경기 감사에 임명되어 행재소에서 임소로 갈 적에 안주를 지나게 되어 그곳 백상루 위에서 나와 만났다. 그는 국가의 위기에 대해 말하며 울분에 차 있었는데, 말하는 투를 보니 자신이 직접 전쟁터에 뛰어들어 적과 싸우려 들 것 같았다.

나는 그를 타일렀다.

"옛사람이 말하지 않았던가요, '밭을 가는 일은 종에게 물어야 한다'고. 그대는 글을 읽은 선비가 아니오? 할 일이 어찌 직접 전쟁터에 나서서 싸우는 일뿐이겠소? 그곳에 양주 목사(楊州牧使) 고언백이라는 이가 있소. 그 사람은 힘과 담력이 있고 전투도 잘하오. 그대는 다만 군병을 모집하여 고언백에게 딸려 주어 싸우게 하오. 그러면 공을 세울 수 있소. 부디 조심하여 직접 군사를 거느리고 전투할 생각은 마오."

심대는 그러마고 대답은 했지만 내 말에 전적으로 동감하는 것 같지는 않았다.

나는 그가 외로이 적중으로 들어가는 것을 보고, 내가 데리고 다니는 군관 중에서 활을 잘 쏘는 의주 출신 장 아무개를 그에게 딸려 주었다.

심대는 떠나간 뒤로 몇 달 동안 경기 지역에서 안주를 거쳐 행재소로 가는 인편이 있을 때마다 내게 편지를 보내어 안부를 묻곤 했다. 나는 그때마다 직접 그 사람을 만나서 경기 지방의 적의 형세와 심 감사가 무엇을 하고 있는지를 물어보곤 했다. 대답은 이랬다.

"경기 지방은 피해가 다른 도보다 훨씬 심합니다. 왜적이 매일같이 나와서 불을 지르고 노략질을 하여 말짱한 곳이라고는 없습니다. 전에 계시던 감사와 수령들은 모두 깊숙하고 궁벽한 곳으로 피하기도 하고, 수행하는 인원을 줄이고 남루한 차림으로 몰래 다니거나, 한군데에 머물지 않고 이리저리 옮겨 다녀 적에게 해를 당하지 않으려고 애써 왔습지요. 그런데 지금 감사님은 도무지 적을 두려워하지 않으십니다. 각 고을을 돌아보실 때면 으레 평상시처럼 먼저 공문을 보내어 알리는가 하면 깃발을 세우고 뿔피리를 불게 하며 다니십니다."

나는 이런 소식을 듣고 매우 걱정되어 거듭 편지를 보내어 앞서와 같이 타일렀으나 심대의 태도는 변하지 않았다.

그는 군병을 모아 모두 자신이 거느리고서 서울을 수복하겠다고 큰소리치며, 날마다 사람을 서울 성안으로 들여보내어 군사를 모집하여 안에서 호응하겠다는 약속을 받아내게 했다. 성안의 사람들은 난리가 평정된 뒤에 적에게 부역했다는 죄를 얻을까 두려워하여, 연명장(連名狀)을 작성하고 감사를 찾아와서는 자진하여 내응할 수 있다고 약속했다. 그런 사람들이 날마다 천으로, 백으로 셀 정도로 늘어났다. '지시를 받기 위해서'라거니, '무기를 운반하기 위해서'라거니, '적의 사정을 보고하기 위해서'라거니 하는 명목으로 감사에게 아무나 왕래했고 아무런 막힘이 없었다. 그중에는 적의 눈과 귀가 되어 와서 동정을 살피는 자도 많이 섞여들었으나 심대는 고스란히 믿고 전혀 의심하지 않았다.

심대는 그 무렵 삭녕군에 있었는데, 적이 이를 탐지하고 몰래 대탄1)을 건너 밤에 습격해 왔다. 놀라 일어나서 옷을 걸치고 달아나는 심대를 적이 뒤쫓아 가서 살해했다. 내가 그에게 딸려 주었던 장가 성을 가진 그 군관도 같이 전사하고 말았다.

왜적이 물러간 뒤에 경기 사람들이 임시로 삭녕군 안에다 시신을 안치해 두었는데, 며칠 뒤 적이 다시 나와서 그의 머리를 베어다가 종로 거리에 매달아 놓았다. 죽은 지 5일이 지났는데도 얼굴빛이 살아 있는 사람 같았다. 서울 사람들이 그의 충의를 안타깝게 여겨 재물을 거두어 지키는 왜병에게 뇌물을 주고 거두어다가, 함에 넣어 강화도로 보냈다가 왜적이 물러간 뒤에야 시신과 함께 고향에서 장사 지냈다.

---

1) 대탄: 연천 남쪽 30리 지점에 있는 임진강의 여울목.

심대는 본관이 청송이고, 자는 공망이다. 조정에서 심대의 충의를 생각해서 그 아들 대복에게 벼슬을 주어 현감까지 이르렀다.

37 강원도 조방장 원호의 공적

강원도 조방장 원호가 여주 남쪽 구미포에서 적을 공격하여 섬멸하고, 다시 춘천에서 싸우다 패배하여 전사했다.

당시 왜적의 대부대는 충주와 원주에 주둔하고 있으면서 진영이 서울까지 잇달아 있었다. 충주에 있는 적들은 죽산·양지·용인으로 연결되는 길을 통해 서울을 왕래하고 있었고, 원주에 있는 왜적들은 지평·양근·양주·광주로 연결되는 길을 따라 서울로 진격하려고 했다.

원호는 여주의 구미포에서 왜적을 쳐서 섬멸하고, 이천 부사 변응성은 사수들을 배에 태워 안개가 낀 틈을 타서 여주의 마탄에서 기습하여 많은 왜적을 사살했다. 이로 인해 원주에 있는 왜적은 서울로 진격할 길이 차단되어, 그들도 충주에서 서울로 통하는 길을 경유하게 되었다. 그리하여 이천·여주·양근·지평 등 고을의 백성들은 왜적의 칼날에서 벗어날 수 있게 되었다. 이것은 모두 원호의 공이라고 사람들은 생각했다.

순찰사 유영길이 다시 원호를 재촉하여 춘천의 왜적들을 치도록 했다. 원호는 한 번 승리한 뒤끝이라 적을 얕잡아 보는 마음이 있었다. 왜적은 원호가 곧 올 것을 알고 복병을 배치해 기다리고 있었는데, 원호는 이 사실을 모르고 진군해 가다가 마침내 왜적의 복병에

게 살해되고 말았다. 이리하여 강원도에서는 더 이상 왜적을 막을
사람이 없게 되었다.

38 권응수와 정대임의 영천 수복

훈련원 부봉사[1] 권응수와 정대임 등이 지역에서 모집한 군사를 거느리고 영천의 왜적을 격파해서 마침내 영천을 수복했다.

권응수는 영천 사람으로서 힘이 세고 담력이 있었다. 그는 정대임과 함께 군사 1천여 명을 거느리고 영천에서 왜적을 포위했다. 그러나 군사들은 왜적을 두려워하여 좀체 나아가려 하지 않았다. 그것을 보고 권응수가 몇 사람을 처단했다. 사졸들은 그제야 다투어 성을 타 넘고 들어가 왜적과 좁은 거리에서 싸웠다. 왜적은 전세가 불리해지자 창고 안으로 몰려 들어가거나 명원루 위로 올라간 것을 아군이 불로 공격하여 적은 모두 불에 타 죽었다 그 냄새가 두어 마장까지 퍼졌다. 나머지 적군 수십 명은 경주로 달아나버렸다.

이때부터 신녕·의흥·의성·안동 등지의 왜적들이 모두 한 방면으로 모이게 되어 경상좌도의 고을들이 보전될 수 있었다. 이는 영천 전투에서 승리한 덕분이었다.

---

1) 훈련원 부봉사: 훈련원의 정9품 벼슬. 훈련원은 군사의 시험, 무예 연습, 병서(兵書) 강습을 맡은 관아.

39 경상 좌병사 박진의 경주 수복

좌병사(左兵使) 박진이 경주를 수복했다.

박진은 처음에 밀양에서 산속으로 달아나 있었는데, 조정에서는 성을 버리고 도주한 전 병사(兵使) 이각을 현지에서 참형에 처하고, 박진을 대신 병사에 임명했다.

당시에는 적병이 도처에 우글거려서 오랫동안 행재소의 소식이 남쪽으로 전해지지 못했다. 그래서 민심이 동요하여 어떻게 해야 할지 갈피를 잡지 못하고 있었는데, 박진이 병사가 되었다는 소문이 퍼지자 그제야 이리저리 달아났던 백성들이 차차 모여들었다. 수령들도 속속 산골짜기에서 다시 나와 업무를 보게 되어 비로소 조정이 존립하고 있음을 알게 되었다.

권응수가 영천을 수복하자, 박진은 경상좌도의 군사 1만여 명을 거느리고 진군하여 경주성의 턱밑까지 육박해 들어갔다. 적군은 몰래 북문으로 나와 아군의 배후를 기습했다.

박진은 안강으로 후퇴했다가 밤에 다시 군사들을 성 밑에 잠복시키고 비격진천뢰[1]를 발사하게 했다. 비격진천뢰가 성안으로 날아

---

1) 비격진천뢰(飛擊震天雷): 조선 중기 군기시 화포장 이장손(李長孫)이 만든 대포의 일종. 위아래는 둥글고, 허리는 퍼진 모양이며, 위는 뚜껑을 덮을 수 있도록 한가운데가 네모로 되어 있다. 속에는 화약과 발화 장치인 죽통(竹筒)을 넣고, 대완구에 장착하여 발사하는데 발사 거

들어가 객사(客舍)의 뜰에 떨어졌다. 적병들은 그것이 어떻게 만들어진 무기인지 몰라서 다투어 몰려들어 구경하고, 서로 굴려 가면서까지 자세히 들여다보고 있었다. 조금 뒤에 포탄이 폭발하여 소리가 천지를 진동하고 쇳조각이 별처럼 부서져 튀었다. 파편에 맞아 그 자리에서 죽은 자가 30명이 넘었고, 파편에 맞지 않은 자들도 넘어져서 한참 뒤에야 일어났다. 적병은 하나같이 놀라고 두려워했으며, 그것이 어떻게 만들어진 것인지를 짐작도 할 수 없었기에 그저 신비하다고만 생각했다.

이튿날 왜적은 마침내 경주성을 버리고 모조리 서생포[2]로 돌아갔다. 박진은 드디어 경주에 입성하여 남은 곡식 1만여 섬을 도로 찾았다.

이 일이 조정에 보고되어 박진은 종2품 가선대부(嘉善大夫)로 승격되었다. 그리고 권응수는 정3품 통정대부로 승격되고, 정대임은 예천 군수에 임명되었다.

비격진천뢰는 이전에는 없었던 무기인데, 군기시[3]의 화포장 이장손이란 이가 창안해 낸 것이다. 진천뢰를 대완구에 넣고 발사하면 5, 6백 보를 너끈히 날아가는데, 땅에 떨어져서는 가만히 있다가

리에 따라 죽통 속에 박는 도화선의 길이를 조정하여 포탄이 터지는 시간을 알맞게 조절했다. 성을 공격하는 데 매우 효과적인 무기로, 임진왜란 때 많은 전투에서 위력을 발휘했다.
2) 서생포(西生浦): 울산 남쪽 50리 지점에 있는 진.
3) 군기시(軍器寺): 병기(兵器), 기치 등 군대에서 사용하는 기구를 제작·관리하던 관아.

안에서 저절로 불이 일어 폭발하도록 되어 있는 무기다. 적은 아군의 무기 중 이것을 가장 두려워했다.

40 각 도의 의병들

당시 각 도에서 의병을 일으켜 적을 토벌한 사람이 꽤 많았다.

전라도에서는 전 판결사[1] 김천일, 첨지(僉知) 고경명, 전 영해 부사(寧海府使) 최경회 등이 의병을 일으켰다.

김천일은 자가 사중이다. 그는 제일 먼저 의병을 일으켜 경기도로 진격했다. 조정에서는 기특하게 생각하여 그의 군대에 '창의군(倡義軍)'이라는 이름을 주었다. 그러나 얼마 지나지 않아 병력을 유지하지 못하여 강화도로 들어갔다.

고경명은 자가 이순이고, 고맹영의 아들로 문재가 있었다. 그도 자기 고장에서 모집한 군사를 거느리고 각 고을에 격문을 보내고 왜적을 토벌했으나 적과 싸우다가 패전하고 전사했다. 그의 아들 종후가 대신 그 의병을 거느렸는데 그 군사를 '복수군'이라고 불렀다

최경회는 뒤에 경상 우병사가 되어 진주 싸움에서 전사했다.

경상도에서는 현풍 사람 곽재우 고령 사람 전 좌랑[2] 김면, 합천사람 전 장령[3] 정인홍, 예안 사람 전 한림[4] 김해, 교서관 정

---

1) 판결사(判決事): 장예원의 으뜸 벼슬. 정3품 장예원은 노예 문서와 소송에 관한 업무를 맡은 관서.
2) 좌랑(佐郞): 육조의 정6품 벼슬.
3) 장령(掌令): 사헌부의 정4품 벼슬.
4) 한림(翰林): 조선 왕조 때 예문관 검열 정9품 벼슬.

자5) 유종개, 초계 사람 이대기, 군위의 교생6) 장사진 등이 일어 났다.

곽재우는 곽월화의 아들로서, 자못 재략이 있었다. 몇 번 싸우고 나서 왜적은 그와 싸우기를 꺼렸다. 사람들은 정진 나루를 끝까지 지켜서 왜적이 의령 근방으로는 들어오지 못하게 한 것을 곽재우의 공이라고 생각했다

김면은 세상을 떠난 무장(武將) 김세문의 아들이다. 그는 거창의 우척현에서 왜적을 방어하여 여러 차례 왜적을 물리쳤다. 이 사실 이 조정에 보고되어 그는 우병사(右兵使)로 발탁되었으나 군진 중에 서 병들어 죽었다.

유종개는 의병을 일으킨 지 얼마 되지 않아 왜적을 만나 싸우다 가 죽었다. 조정에서는 그 뜻을 가상히 여겨 예조참의7)의 벼슬을 내렸다.

장사진은 여러 차례 왜적과 싸워서 수많은 적병을 사살했다. 적 은 그를 '장 장군(張將軍)'이라 일컬으며 군위 근방에는 감히 들어가 지 못했다. 하루는 적이 복병을 배치해 두고 그를 유인했는데 장사 진은 속임수라는 걸 모르고 왜적을 끝까지 추격해 들어갔다가 미리

---

5) 교서관 정자(校書館正字): 조선 왕조 때 교서관의 정9품 벼슬. 교서관은 경서인행 · 향축 · 인전 등을 맡은 관아.
6) 교생(校生): 향교 생도.
7) 참의(參議): 육조의 판서 참판 다음가는 벼슬. 정3품.

숨어 있던 적병에게 포위되었다. 그는 왜적에게 둘러싸여서도 오히려 고함을 지르며 용감하게 싸웠다. 그에게 화살이 떨어지자 적은 칼로 그의 한쪽 팔을 잘랐다. 그래도 장사진은 멈추지 않고 나머지 한쪽 팔로 끝까지 싸우다가 마침내 전사했다. 이 사실이 조정에 보고되어 그에게 수군절도사를 증직했다.

충청도에서는 승려 영규[8], 전 제독관[9] 조헌, 전 청주 목사 김홍민, 서자인 이산겸, 선비 박춘무, 충주 사람 조덕공 내금위[10]조웅, 청주 사람 이봉 등이 일어났다.

영규는 힘도 세고 전투를 잘했다. 조헌과 함께 청주를 수복했으나, 나중에 왜적에게 패하여 둘 다 전사했다.

조웅은 말 위에 서서 내달릴 정도로 용감했다. 왜적을 꽤 많이 죽였으나 결국 전사했다.

경기도에서는 사간원 사간을 지낸 우성전, 전(前) 정랑[2] 정숙하, 수원 사람 최흘, 고양 사람 진사 이노와 이산휘, 전(前) 목사 남언경, 유생 김탁, 전 정랑[11] 유대진, 충의위[12] 이질, 서자인 홍계남, 선비

---

8) 영규(靈奎): '영규'의 '규'를 흔히 '奎'로 쓰는데, 『징비록』원문에는 두 군데 모두 '圭'로 썼고 '선조실록'에는 '圭'와 '奎'를 섞어 썼다. 어느 글자가 맞다고 단정하기 어려우므로 여기서는 '징비록' 원문에 따라 '圭'로 쓴다.
9) 독관(提督官): 교육을 감독·장려하는 관원. 1586년(선조 19년) 처음 설치되어 8도에 한 명씩 두었으나 임진왜란이 일어난 1592년 겨울에 폐지됨.
10) 내금위(內禁衛): 궁중을 지키고 임금을 호위하는 일을 맡은 관아.
11) 정랑(正郎): 육조의 정5품 벼슬.
12) 충의위(忠義衛): 충좌위에 속했던 군대. 공신(功臣)의 적계와 서계의 장손으로서 아버지, 할아버지를 대신하여 조상의 제사를 받드는 사람으로 조직함.

왕옥 등이 일어났다.

그중에서도 홍계남이 가장 사납고 날쌨다.

그 밖에 각각 자기 마을에서 백여 명, 혹은 수십여 명을 모아 가지고 의병이라고 이름한 자는 이루 다 헤아릴 수 없이 많으나, 기록할 만한 공도 없이 모두 이리저리 옮겨 다니는 동안에 사라져 버렸을 따름이다

또 한 사람의 승려 유정은 당시 금강산 표훈사에 있었는데, 왜적이 산중에 들어오자 다른 중들은 모두 달아났지만 유정은 까딱하지 않고 앉아 있었다. 그 모습을 본 왜적은 감히 유정에게 달려들지 못하고, 어떤 자는 합장하며 경의를 표하기까지 했다.

내가 안주에 있으면서 사방으로 글을 보내어 각기 의병을 일으켜 왜적에 맞서 싸우라고 격려한 적이 있었다. 이 글이 금강산에 전달되자, 유정은 불탁(佛卓) 위에 펴놓고 승려들을 불러 모으고 읽으면서 눈물을 흘렸다고 한다. 그는 드디어 승군(僧軍)을 일으켜 왜적과 싸우기 위해서 도로 달려왔는데, 평양에 이를 무렵에는 그 인원이 천여 명이나 되었다. 승군은 평양성 동쪽에 주둔하면서 순안에 주둔하고 있는 아군과 호응할 태세를 갖추었다.

또 종실(宗室) 호성감13)은 백여 명의 군사를 거느리고 행재소로 달려왔다. 조정에서는 그를 호성도정14)으로 승격시키고, 순안에 주

---

13) 호성감(湖城監): 종실의 작호. 감은 종친부의 정6품 벼슬. 여기 호성감은 이주(李柱)이다.

둔하면서 대군과 합세하게 했다.

　북도에서 활약한 사람 중에는 평사15)정문부와 훈융16)첨사 고경
민이 가장 공이 컸다고 한다.

---

14) 호성도정(湖城都正): 종실의 작호. 도정은 종친부·돈녕부·훈련원의 정3품 당상관.
15) 평사(評事): 병마평사(兵馬評事)의 준말. 정6품 외직 무관의 하나. 평안도와 함경도에 두었
　음.
16) 훈융(訓戎): 함경도 경흥부(慶興府) 북쪽 28리 지점에 있었던 진. 성을 돌로 쌓았다.

41 이일을 순변사에 임명하다

이일을 순변사에 임명하고, 이빈을 행재소로 불러들였다.

이일은 처음에 대동강의 여울목을 지키다가 평양이 함락되자 강을 건너 남쪽으로 갔다. 황해도로 들어가 안악을 거쳐 해주로 갔다가 해주에서 다시 강원도 이천으로 가서 세자를 따르며 군사 수백 명을 모집했다. 그는 적군이 평양에 들어간 뒤에 오래도록 나오지 않고 있으며 명나라 군사가 곧 도착할 것이라는 소식을 듣고는 평양으로 되돌아와, 평양에서 동북쪽으로 10여 리쯤 되는 임원평에 진을 치고, 의병장 고충경 등과 연합하여 제법 많은 적을 죽이고 사로잡기도 했다.

이빈은 순안에 있으면서 싸우면 번번이 졌다. 그래서 무군사[1]에 딸린 관원들은 모두 지휘관을 이일로 바꾸자고 했으나 원수 김명원이 유독 이빈을 지지하고 나서서 무군사와 의논이 맞지 않았다. 끝내는 서로 충돌할 조짐까지 보이자 조정에서는 나에게 순안으로 가서 진정시키고 조정하라고 했다. 조정의 논의가 모두 이일이 이빈보다 낫다고 하고, 또 명나라 군사가 곧 출동할 것이라는 소식도 있

---

1) 무군사(撫軍司): 임진왜란 중 세자를 책봉하고 임금과 세자는 각각 다른 곳으로 피난을 했다. 그때 세자를 모시는 신료 조직을 분비변사라 하여 현지에서 발생하는 각종 업무를 독자적으로 처리하게 했다 분비변사를 나중에 '무군사'로 이름을 바꾸었다.

는 마당에 이빈이 그 임무를 감당하지 못할까 우려되어서 마침내 이일로 교체시켰다. 이일의 군대는 박명현이 대신 거느리게 하고, 이빈은 행재소로 돌아오게 했다.

42 간첩 김순량을 체포하다

간첩 김순량을 체포했다.

나는 안주에서 군관 성남에게 전령(傳令)을 주며 수군장(水軍將) 김
억추에게 가서 진격할 일에 관해 미리 약속하고 오게 했다. 그때가
12월 2일이었다. 나는 성남을 보내면서 말했었다.

"6일 이내에 이 전령을 반납하라."

그런데 기한이 지나도록 전령을 반납하지 않았다. 성남을 추궁했
더니, 성남의 말이 이미 강서 군인 김순량을 시켜 반납하게 했다는
것이다. 그래서 다시 김순량을 잡아다가 전령을 어디 두었느냐고
따져 물었더니, 그는 정신이 흐리멍텅한 시늉을 하며 말이 조리에
닿지 않았다. 그걸 보고 성남이 말했다.

"이 사람이 전령을 가지고 나간지 며칠 뒤에 소 한 마리를 끌고
돌아와서 자기 패들과 어울려 잡아먹었습니다. 그때 사람들이 어디
서 난 소냐고 물었는데, 김순량은 '본래 내 소인데, 친척 집에 맡겨
기르던 걸 찾아왔다'고 대답했습니다. 그런데 이제 그의 말을 들으
니 종적이 수상합니다."

나는 비로소 그를 고문하여 사실을 철저히 캐내라고 지시했다.
그제야 그는 사실을 털어놓았다.

"소인은 왜적의 간첩이었습니다. 그날 받은 전령과 비밀 공문을

가지고 평양성에 들어가 왜적에게 보였더니, 적장이 전령은 책상 위에 놓아두고, 공문은 보고 나서 바로 찢어 버렸습니다. 그리고 나서 소인에게는 소 한 마리를 상으로 주고, 같이 간첩이 된 서한룡에게는 명주 다섯 필을 상으로 주었습니다. 다시 성 밖의 다른 일을 탐지하여 15일까지 와서 보고하라는 지시를 받고 나왔습니다.”

나는 그자에게 물었다.

“간첩이 된 자가 너 혼자뿐이냐, 또 몇 사람이 더 있느냐?”

“모두 40여 명이 순안·강서의 여러 군진에 흩어져 나갔습니다. 그들은 숙천·안주·의주 등지에 이르기까지 이곳저곳을 빠짐없이 뚫고 돌아다니며, 일이 있는 대로 적에게 보고해 왔습니다.”

그의 대답을 듣고 나는 깜짝 놀라서 즉시 이 사실을 조정에 보고하고, 간첩들의 이름을 조사하여 급히 여러 군진에 통보하여 체포케 했는데, 더러는 체포하기도 하고 더러는 놓치기도 했다. 김순량은 성 밖에서 처형했다.

그 뒤 오래지 않아 명나라 군사가 도착했는데도 적이 그 정보를 알지 못하고 있었던 것은 이들 간첩의 무리가 놀라 흩어져 버렸기 때문일 것이다. 이 또한 우연히 발각된 것이니, 하늘의 뜻 아닌 것이 없다고 하겠다.

징비록 2

– 명나라 군대의 참전, 그 이후

1 명군의 출동과 평양 수복

12월에 명나라에서 대규모의 원군이 출동했다.

병부우시랑(兵部右侍郞) 송응창(宋應昌)을 경략(經略)에, 병부원외랑(兵部員外郞) 유황상(劉黃裳)과 주사(主事) 원황(袁黃)을 찬획군무(贊畵軍務)에, 주 요동 제독(駐遼東提督) 이여송(李如松)을 대장(大將)에 각각 임명하여, 이들이 세 영장(營將) 이여백(李如柏)·장세작(張世爵)·양원(楊元)과, 남장(南將) 낙상지(駱尙志)·오유충(吳惟忠)·왕필적(王必迪) 등을 거느리고 압록강을 건너왔다. 군사는 총 4만여 명이었다.

이에 앞서서, 심유경이 왜적의 진영을 다녀가고 난 뒤로 왜적은 평양성에 웅크린 채 꼼짝도 하지 않았다. 그사이에 약속한 50일이 지나갔다. 그런데도 심유경이 오지 않자 왜적은 의심하기 시작했다.

"설에는 말에게 압록강 물을 먹이겠다."

왜적은 공공연히 떠들어 대고 있었다. 적중에서 탈출해 온 사람들의 말을 들어 보아도 적군이 성을 공격할 기구들을 대대적으로 수리하고 있더라고 했다. 그래서 사람들은 더욱 두려워하고 있었다.

12월 초에 심유경이 또 와서 재차 평양성으로 들어가 며칠을 머무르면서 왜적과 다시 약속하고 갔다. 그들의 약속 내용이 무엇이었는지는 듣지 못했다.

그러다가 명나라 원군(援軍)이 나와 안주에 도착하여 성 남쪽에다 진을 쳤다. 깃발과 병기가 정돈되고 엄숙하기가 아주 신령스러울 정도였다.

나는 일을 의논하기 위해 제독(提督)을 만나자고 요청했더니, 제독은 동헌(東軒)에 있다가 맞아 주었다. 제독은 헌걸찬 장부였다. 의자를 놓고 마주 앉아서 의논했는데, 내가 소매 속에서 평양 지도를 꺼내어서 지세와 군사들이 들어갈 길을 가리켜 보였다. 제독은 내 말을 주의 깊게 들으면서 내가 가리키는 곳마다 붉은색으로 표시했다. 그리고 이렇게 말했다.

"왜적은 단지 조총만 믿고 있을 뿐이나, 우리는 대포를 사용합니다. 우리가 사용하는 대포는 사정거리가 모두 오륙 리 정도는 됩니다. 적이 어떻게 당해낼 수 있겠습니까?"

내가 물러 나온 뒤 제독은 부채에 시 한 편을 써서 보내왔다.

삼한(三韓)의 국사가 불안하기에
군병을 이끌고
밤길도 쉬임 없이 강을 건너왔다오.
황제님은 날마다 승전 소식 기다리시고,
하찮은 이 신하는 술잔도 그만두었다오.
봄이 와도 살벌한 기운에
마음은 오히려 장렬해 가나니,
요사한 왜적들 뼈가 이미 서늘하리.

농담인들 어찌 승산 아닌 것을 말하리오.

꿈속에도 항상

싸움터로 말을 달린다오.

안주성에는 명나라 군사가 가득 차 있었다.

내가 백상루에 있는데, 한밤중에 명나라 군사 하나가 불쑥 찾아
왔다. 그는 군대의 비밀 약속 세 조목을 내게 주고는, 이름을 물어
도 대답하지 않고 가버렸다. 제독은 부총병(副總兵) 사대수(査大受)를
먼저 순안으로 보내서 이렇게 말하여 왜적들을 속이게 했다.

"명나라 조정에서는 이미 강화하기를 허락했으며, 유격장군 심유
경이 다시 왔다."

이 말을 듣고 왜적은 과연 기뻐하며, 겐소는 시를 써서 바치기까
지 했다.

일본이 전쟁을 그치고 중국에 복종하니,

사해(四海) 구주(九州)가 한 집안이 되었습니다.

기쁨의 기운 홀연히 나라밖의 눈을 녹이니,

누리에 봄이 일러 태평화(太平花)가 피었습니다.

이것이 1593년 계사년 정월 초하룻날의 일이었다.

왜적의 소장(少將) 평호관(平好官)이 20여 명의 왜병을 거느리고 순

안까지 나와서 심유경을 맞이했다. 사대수 총병은 복병을 배치해 두고 그들을 유인하여 함께 술을 마셨다. 그러는 동안 미리 숨어 있던 군사들이 달려들어 평호관을 사로잡고 거느리고 온 왜병들도 거의 다 죽였는데, 그중 세 명이 빠져나가 저들의 진영으로 돌아갔다 이리하여 적은 비로소 명의 원병이 와 있음을 알고 크게 동요했다.

그때 명의 주력 대부대는 이미 숙천까지 와 있었는데, 날이 저물어 막 숙영지를 잡고 밥을 짓고 있는 참에 보고가 들어왔다. 제독은 활을 당겨 시위를 울리고 나서, 즉시 몇 사람의 기병을 데리고 순안으로 달려갔다. 여러 진영도 잇달아 출발해 나아갔다.

이튿날 아침 진군하여 평양성을 포위하고 보통문과 칠성문을 공격했다. 적군은 성 위에 올라가 홍기(紅旗)와 백기(白旗)를 늘어세우고 대항하고, 명나라 군사는 대포와 화전으로 공격했다. 대포 소리는 지축을 울리며 수십 리나 퍼져 나가 산악마저 들썩이는 듯했고, 불화살은 공중에서 베를 짜듯이 퍼져 날았으며, 연기는 하늘을 가렸다. 불화살이 성안으로 날아 들어가 곳곳에 불을 일으켜 숲도 다 타버렸다

낙상지와 오유충 등이 자기들의 부하를 거느리고 개미 떼처럼 성벽에 붙어 기어오르기 시작했다. 앞서 오르던 자가 떨어져도 뒤따르던 자는 계속 기어오르며 물러서는 자가 없었다. 왜적은 성첩에 고슴도치의 털처럼 칼과 창을 빽빽이 드리우고 대항했으나, 명나라 군사는 더욱 거세게 공격했다. 왜적은 마침내 버티지 못하고 내성

(內城)으로 몰려 들어갔다. 창칼에 무찔리거나 불에 타서 죽은 적이 부지기수였다.

명나라 군사는 성안으로 들어가 내성을 공격했다. 적은 성 위에 흙벽을 쌓고 벌집처럼 무수한 구멍을 뚫어 놓고는 그 구멍을 통해 조총을 쏘아 댔다. 명나라 군 사상자가 늘어났다. 그래서 제독은 궁지에 몰린 왜적이 죽기로 작정하고 대항해 올 것을 염려하여 군사들을 일단 성 밖으로 후퇴시켜 적에게 달아날 길을 열어 주었다 그날 밤에 적은 과연 얼음을 타고 대동강을 건너 후퇴했다.

이보다 앞서 나는 안주에 있으면서 명나라 대군이 곧 온다는 소식을 듣고, 황해도 방어사 이시언·김경로에게 왜적이 달아날 길목을 지켰다가 공격하도록 은밀히 알려 주며, 다음과 같이 깨우쳐 주었다.

"그대들 두 부대는 길 옆에 숨어서 적군이 다 지날 때까지 기다렸다가 그 뒤를 추격하라. 적군은 주리고 피곤한 채로 달아나는 길이라 싸울 마음도 없을 테니 다 잡아 묶을 수가 있을 것이다."

나의 전갈을 받고 이시언은 즉시 중화로 왔으나, 김경로는 다른 일이 있다고 핑계를 대었다. 나는 다시 군관 강덕관을 보내어 재촉했다. 그래서 김경로도 마지못해 중화로 오기는 왔으나, 왜적이 물러나기 하루 전에 황해도 순찰사 유영경이 보낸 공문을 받고 도로 재령으로 내빼 버렸다. 그때 유영경은 해주에 있었는데 김경로를 불러 자신을 보호하게 할 심산이었고, 김경로는 적과의 대전을 꺼려하여 피해 버렸던 것이다.

1 명군의 충돌과 평양 수복

적장(敵將) 고니시 유키나가·소 요시토시·겐소·야나가와 시게노부 등은 남은 부대를 거느리고 밤을 새워 달아났다. 적군은 지칠 대로 지치고 발이 부르터서 절뚝거리며 행군을 했다. 그중에 더러는 농가를 찾아 기어가서 손으로 입을 가리키며 먹을 것을 애걸하기도 했다. 적의 실정이 이런데도 우리나라 군대에서는 나서서 공격한 사람이 없었고, 명나라 군사도 추격하지 않았다. 홀로 이시언만이 그 뒤를 밟았으나 그도 감히 적군에게 바짝 다가가 공격하지는 못하고 굶주리거나 병들어서 뒤처진 적병 60여 명 정도를 베어 죽였을 뿐이었다.

당시 서울에는 왜장 우키타 히데이에[1]가 남아 있었다. 그는 관백 도요토미 히데요시의 조카라고도 하고 사위라고도 하는 자인데, 나이가 어려서 일을 독자적으로 처리하지 못 했다. 군사 지휘에 관한 일은 고니시 유키나가가 맡고 있었고, 가토 기요마사는 함경도에서 아직 서울로 돌아오지 않았다.

그런 상황에서 고니시 유키나가·소 요시토시·겐소 등을 사로잡았다면 서울의 왜적은 저절로 무너졌을 것이다. 서울의 왜적이 무너졌다면 청정 부대는 돌아갈 길이 끊어지고 군사들의 마음은 흉흉해져서 필시 바닷가를 따라 도주했을 것이나 끝내 빠져나갈 수는 없었을 것이다.

---

1) 우키타 히데이에 : 평수가(平秀嘉).

그랬으면 한강 이남의 적진이 차례로 와해되었을 것이니, 명나라 군사는 그저 북을 울리며 천천히 한 길로 부산까지 진군해 가서 술이나 실컷 마시면 되었을 것이다. 뿐만 아니라 이 잠깐 사이에 나라 안이 깨끗하게 평정되었을 것이니, 어찌 그 여러 해에 걸쳐 어지러운 전쟁 상태를 계속해야 할 일이 있었겠는가. 한 사람이 뜻대로 움직여 주지 않아 천하가 그 해를 받게 되었으니 참으로 분하고 안타까운 일이었다.

나는 장계를 올려 김경로를 사형에 처하도록 요청했다. 나는 당시 평안도 체찰사(平安道體察使)로 있어서, 김경로가 나의 관할이 아니었으므로 먼저 임금께 아뢰었던 것이다. 나의 요청에 따라 조정에서는 선전관 이순일을 파견했다. 이순일이 공문을 가지고 개성부(開城府)에 당도하여 김경로를 처형하려고 먼저 제독에게 통고했다. 제독은 김경로의 죄는 인정하면서도 그를 죽이는 건 말렸다.

"그 죄는 죽어 마땅하다 그러나 아직 적이 격멸되지 않았으므로 한 사람의 무사도 아까운 실정이다. 우선 백의종군으로 공을 세워 죄를 씻을 기회를 주는 것이 좋겠다."

제독은 이렇게 말하고, 공문을 써서 이순일에게 주어 보내왔다.

2 명군의 입김으로 순병사를 다시 교체

순변사 이일을 해임시키고, 후임으로 이빈을 임명했다.

평양성 전투에서 명나라 군사는 보통문으로 공격해 들어가고, 이일과 김응서 등은 함구문으로 공격해 들어갔다가 군대를 일단 퇴각시킬 때 이들도 모두 성 밖에 물러 나와 진을 치고 있었다. 왜적이 평양에서 도주한 사실은 그 이튿날 아침에야 비로소 알게 되었다. 이여송 제독은 우리 군사가 경비를 하지 않아 적을 도주하게 내버려 두고 알지 못 했다고 문책했다. 분위기가 이렇게 돌아가자 명나라 장수들 중에 전에 순안을 왕래하면서 이빈과 친숙해진 사람들이 나섰다. 그들은 이일은 장수 자격이 없고, 이빈이 적임자라고 다투어 제안했다. 제독은 우리 조정에 공문을 보내어 그 상황을 말했다.

조정에서는 우의정 윤두수를 평양으로 파견했다. 윤두수는 이일의 죄를 문책하고 군법에 따라 참형을 시행하려 하다가 얼마 뒤에 석방했다. 그리고 이일 대신 이빈에게 기병 3천을 선발해 거느리고 제독을 따라 남쪽으로 가게 했다.

3 이여송의 벽제 패전과 류성룡의 눈물

이여송 제독은 파주로 진군하여 벽제[1] 남쪽에서 왜적과 싸웠으나 전세가 불리하여 개성으로 되돌아와 주둔했다.

그 전에 우리가 평양을 수복했을 때, 대동강 이남에 있던 왜적은 모두 도주했다. 제독은 적을 추격할 계획으로 나에게 말했다.

"지금 대규모의 군대를 이끌고 전진하려 하는데, 들으니 앞길에 군량과 말 먹이가 없다고 합니다. 의정[2]은 지위 높은 대신이니 나라를 생각한다면 그런 수고를 마다할 수는 없을 것이오. 급히 가서 군량을 준비하여 허술하거나 어긋나는 일이 없도록 해주어야겠소."

나는 제독과 작별하고 길을 나섰다. 그러나 그때 명나라 선봉 부대가 이미 대동강을 지나 남쪽으로 가고 있었기 때문에 길이 막혀 갈 수가 없었다. 나는 이리저리 옆길로 돌아 빨리 달려가서 행군 대열의 앞에 나섰다. 중화를 거쳐 황주에 도착하니 벌써 삼경이었다.

그때는 적군이 막 후퇴하고 난 뒤여서 지나는 곳마다 황량하고 텅 비어있을 뿐, 백성들이 모여 있지 않아 어떻게 해야 할지 대책이 서지 않았다. 급히 황해 감사 유영경에게 공문을 보내어 서둘러 군

---

1) 벽제역 : 경기도 고양(高陽)에 있는 역.
2) 의정(議政) : 류성룡을 지칭.

량을 운반하도록 했다. 그리고 평양 감사 이원익에게도 공문을 보내어, 김응서 등이 거느린 군사들 중에서 전투에 참여할 수 없는 군사들을 동원하여 평양에서 군량을 가지고 행군하는 군진의 뒤를 따라 황주로 보내도록 하고, 한편으로는 평안도의 평양 서쪽 세 고을의 양곡을 배로 실어 청룡포에서 황해도로 수송하도록 했다.

미리 준비한 일이 아니고 임시로 갑자기 서두르는 일이라서, 대군은 뒤따라오고 있는데 행여 군량이 부족한 사태가 나지 않을까 하는 우려 때문에 아주 속이 탔다. 다행히 유영경이, 적에게 빼앗길까 두려워서 산속에 나누어 저장해 두었던 곡식이 꽤 있어서, 백성들을 독려하여 수송해 왔기 때문에 연도에서 군량이 모자라는 사태에 이르지는 않았다.

얼마 후 대군은 개성부에 들어왔다.

1월 24일, 왜적은 우리 백성들이 아군과 내통할 것이라 생각하고 평양 패전에 대한 분풀이를 겸하여 서울에 남아 있던 백성들을 모두 살육하고 민가와 관가의 건물들을 거의 다 불태워 버렸다. 서로(西路)의 곳곳에 주둔해 있던 왜적들이 모두 서울로 모여들어 명나라 군사와 싸울 준비를 하고 있었다.

나는 제독에게 진격을 서두르자고 거듭 요청했다. 그러나 제독은 여러 날을 머뭇거리다가 진군하여 파주에 이르렀다.

이튿날 부총병(副摠兵) 사대수(查大受)와 우리나라 장수 고언백이 군사 수백을 거느리고 먼저 가서 적정을 정탐하다가 벽제역 남쪽

여석령3)에서 왜적을 만나 백여 명을 베어 죽이거나 사로잡았다.

제독은 이 소식을 듣고 주력 대부대는 남겨둔 채 말 탄 하인 천여 명만을 데리고 달려갔다. 혜음령을 지날 때 말이 미끄러지는 바람에 땅에 떨어져, 부하들이 부축하여 일으켰다.

당시 왜적은 여석령 뒤편에 대부대를 숨겨 두고, 고개 위에는 수백 명만 배치해 두었다. 제독은 고개 위에 있는 왜적들을 바라보고는 군대를 양쪽으로 짝 벌려 서서 전진하게 했다. 적군도 고개 위에서 내려왔다. 양쪽 군대 사이의 거리가 점점 좁혀져 가자, 고개 뒤편에 숨어 있던 왜적들이 갑자기 산 위로 올라와 진을 쳤다. 그 수가 거의 만여 명이나 되었다. 명나라 군사는 이 광경을 바라보고는 겁이 덜컥 났다. 그러나 이미 싸움을 피할 수는 없게 되었다.

그때 제독이 거느린 군대는 모두가 북방의 기병들이었으므로 화기는 없고, 가진 무기라고는 무디고 보잘것없는 단검뿐이었다. 그에 비해 왜적은 모두 길이가 삼사 척이나 되고 예리하기 비길 데 없는 보병의 칼을 사용했다. 드디어 양쪽 군사들이 뒤엉켜 싸우는데, 적병이 좌우로 칼을 휘두르니 사람과 말이 한꺼번에 휩쓸려 감히 칼날을 당해내는 자가 없었다. 제독은 전세가 위급함을 보고 후군(後軍)을 불렀으나, 후군이 싸움터에 당도하기도 전에 선군(先軍)은 패배

---

3) 여석령: 고양 남쪽 15리 지점에 있는 고개.

하고 많은 사상자를 내었다. 왜적 또한 군대를 거두고 다급하게 추격하지는 않았다.

날이 저물어서 제독은 파주로 돌아왔다. 그는 비록 자신의 패전을 숨기기는 했으나 눈에 띄게 지쳐 있었다. 밤에는 신임하던 하인이 전사한 걸 슬퍼하여 통곡하기까지 했다.

이튿날 제독은 군대를 동파[4]로 퇴각시키려 했다. 나는 우의정 유홍, 도원수(都元帥) 김명원과 함께 이빈 등을 거느리고 제독의 군막으로 갔다. 제독은 군막 밖에 나와서 있었고, 막하 장수들도 좌우에서 있었다. 나는 군대의 퇴각을 극력 반대했다.

"싸움하다 보면 이기고 지는 일이란 늘상 있는 것이오. 형세를 살펴 다시 진격해야 할 터인데, 어찌하여 가벼이 움직이려고 하시오?"

제독은 이렇게 말했다.

"나의 군대는 어제 적을 많이 죽였으며, 싸움에 패한 적은 없었소. 다만 이곳의 지세가 비가 내린 뒤는 진창이 되어서 군대를 주둔시키기에 불편하오. 그래서 동파로 돌아가서 군사들을 좀 쉬게 하고 나서 다시 진격하려는 것뿐이오."

나와 여러 사람이 굳이 반대하고 나서니, 제독은 명나라 황제에게 올리는 보고서의 초고를 내밀었다. 그 가운데는 서울에 있는 적병이 20여 만 명이나 되어 수적으로 도저히 상대가 안 된다는 말이

---
4) 동파(東坡): 파주 북쪽 25리 지점 임진강 북쪽에 있던 역.

있고, 끝에는 제독 자신은 병이 매우 깊으니 다른 사람을 보내서 자기 일을 대신하게 해 달라고 하였다. 나는 깜짝 놀라서 적병의 수를 말한 부분을 손으로 짚으면서 물었다

"적병은 아주 소수인데 20만이라니 어찌 된 말이오?"

"난들 어찌 알 수 있겠소? 바로 당신 나라 사람이 말해 준 것이오."

제독의 이 말은 핑계로 하는 말이었다.

막하 장수 중에서는 장세작(張世爵)이 가장 강력하게 후퇴하자고 권고했는데, 우리가 굳이 반대하고 물러나지 않으니 장세작은 순변사 이빈을 발길로 차며 물러가라고 질책했다. 말소리와 얼굴빛이 다 같이 사나워져 있었다.

이 무렵 날마다 큰비가 내리고, 또 왜적이 길가의 산들을 모두 불태워 버렸기 때문에 산들은 모두 맨송맨송하여 말에게 먹일 만한 풀이라곤 없었다. 게다가 전염병까지 겹쳐서 며칠 사이에 거의 만 필 가까운 말이 쓰러져 죽었다.

이날 삼영[5]이 도로 임진강을 건너 동파역 앞에 진을 쳤다. 이튿날은 동파에서 다시 개성부로 돌아가려고 했다. 나는 또 극력 반대했다.

"대군이 한 번 물러서면 적의 기세는 더욱 교만해지고 원근의 백

---

5) 삼영(三營): 명나라 군대와 전군 ·중군·후군의 진영을 가리키는 듯.

성들이 놀라고 두려워할 것이오. 이렇게 되면 임진강 이북의 지역도 보전할 수가 없을 것이오. 조금 머물러 있으면서 틈을 보아 움직이기 바라오."

제독은 내 말에 수긍하는 체했다. 그러나 내가 물러 나온 뒤 제독은 말을 타고 개성으로 돌아가고 말았다. 다른 여러 군영도 모두 개성으로 퇴각해버렸다. 오직 부총병 사대수와 유격장 관승선의 군대 수백 명만이 임진강을 지키고 있었다.

나는 여전히 동파에 머물러 있으면서 날마다 사람을 보내어 다시 진격하라고 요청하곤 했다. 제독은 건성으로 대답했다.

"날이 개고 땅이 마르면 당연히 진격할 것이오."

그러나 실제로는 진격할 의사가 없었다.

주력 대부대가 개성부에 도착하여 시일이 오래되니 군량이 바닥났다. 강화에서 배로 곡식과 말에게 먹일 풀을 가져오고, 충청도와 전라도의 세곡을 배로 수송하여 조금씩 조달이 되기는 했지만 도착하는 족족 바로 다 없어지곤 하여 사정은 갈수록 다급해져 갔다.

하루는 명나라 장수들이 군량이 다 떨어졌다고 핑계하며 제독에게 군대를 데리고 돌아가자고 청했다. 제독은 성을 내며 나와 호조판서 이성중, 경기 좌감사(京畿左監司) 이정형을 불러다 뜰 아래에 꿇어앉히고 큰소리로 나무라면서 군법을 시행하려 들었다. 나는 제독의 성이 풀릴 때까지 계속 사과했다. 그러면서 나라 꼴이 이 지경에까지 이른 것을 생각하자 나도 모르게 눈물이 흘러내렸다. 제독은 그런 우리가 딱했던지 다시 막하 장수들을 향해 성을 내었다.

"너희들이 지난날에 나를 따라 서하6)를 정벌할 적에는, 군사들이 여러 날을 먹지 못해도 감히 돌아가자고 말하지 않아서 마침내 큰 공을 이루었다. 그런데 이제 조선에서 겨우 며칠 동안 군량을 조달하지 못 했다고 해서 어찌 섣불리 돌아가자고 한단 말이냐? 너희들은 가고 싶거든 가거라. 나는 적을 섬멸하지 않고는 돌아가지 않겠다. 말가죽으로 나의 시체를 싸서 돌아가야 할 것이다."

제독의 서슬에 장수들은 모두 머리를 조아리고 사과했다.

나는 문을 나와 양곡을 제때에 내보내지 않은 죄로 개성 경력7) 심예겸에게 곤장을 쳤다.

뒤를 이어 강화에서 배 수십 척이 군량을 싣고 와서 후서강8)에 정박하여 겨우 무사하게 되었다.

이날 저녁에 제독은 총병 장세작을 시켜 나를 불러 위로하고, 앞으로의 작전을 의논했다.

---

6) 서하(西夏): 중국 서쪽 지방에 있던 나라.
7) 개성 경력(開城經歷): 개성부의 종4품 벼슬.
8) 후서강(後西江): 임진강의 동파역 하류를 가리키는 듯. 서울의 서강을 전서강(前西江)이라고 상정해서 그렇게 부른 듯하다.

4 이여송의 평양 회귀

제독 이여송이 평양으로 되돌아가 버렸다.

당시 적장 가토 기요마사는 아직도 함경도에 있었다. 그런데 어떤 사람이 와서 청정이 곧 함흥에서 양덕·맹산을 넘어 평앙을 습격하려 한다고 전했다. 제독은 그때 북쪽으로 돌아갈 생각을 하고 있었으나 기회를 잡지 못하고 있었는데, 그 소식이 빌미가 되었다.

"평양은 바로 근본 거점이다. 만약 평양을 지키지 못한다면 대군이 돌아갈 길이 없어질 것이니, 구원하지 않을 수 없다."

이렇게 말하고는 평양으로 돌아가고, 왕필적을 남겨 두어 개성을 지키게 했다. 그리고 접반사[1] 이덕형에게 말했다.

"조선의 군대들도 형세가 고립되고 구원병도 없으니 모두 임진강 북쪽으로 돌아와야 할 것이오."

이 때 전라도 순찰사 권율은 고양의 행주에 있고, 순변사 이빈은 파주에 있었으며, 고언백과 이시언 등은 양주 서쪽의 해유령에 있고, 원수 김명원은 임진강 남쪽에 있고, 나는 동파에 있었는데, 제독은 왜적이 퇴각하는 기회를 틈타서 아군을 공격하지 않을까 우려

---

1) 접반사(接伴使): 외국 사신을 접대하는 관원. 여기서는 명나라 장수들을 접대하는 임무를 맡은 관원을 뜻함.

했기 때문에 그렇게 말했던 것이다.

나는 종사관 신경진에게 급히 제독에게 가서 후퇴해서는 안 되는 이유 다섯 가지를 설명하게 했다.

"선왕의 분묘가 모두 경기 지방에 있어 현재 왜적의 소굴에 빠져 있다. 신도 사람도 수복을 간절히 바라고 있는데 차마 이를 버리고 갈 수 없으니, 이것이 첫째 이유이다.

경기 이남 지방의 백성들이 날마다 명나라 구원병이 오기를 기다리고 있다. 그런데 갑자기 대군이 후퇴했다는 소식을 들으면 다시는 의지를 굳게 하여 지키려는 의욕이 생기지 않을 것이고, 서로 이끌고 적에게로 돌아갈 우려가 있으니, 이것이 둘째 이유이다. 우리나라의 영토는 한 자, 한 치도 쉽사리 버릴 수 없으니, 그것이 셋째 이유이다. 우리나라의 장졸들이 비록 힘은 미약하나, 바야흐로 명나라 군사에 의지하여 함께 진격할 계획을 세우고 있다. 그런데 명나라 군대가 후퇴한다는 소식을 들으면 필시 모두 원망과 분노를 품고 사방으로 흩어져 버릴 것이니, 이것이 넷째 이유이다. 일단 후퇴했다가 적이 뒤따라 추격하는 날에는 임진강 이북 지역도 보전할 수가 없을 것이니, 이것이 다섯째 이유이다."

이러한 주장에 대해 제독은 아무 말도 않고 떠나가 버렸다.

5 행주 대첩과 서울을 둘러싼 새로운 작전

전라도 순찰사 권율이 행주에서 적을 격파하고 군대를 파주로 이동시켰다.

그 전에 권율은 광주 목사로 있다가 이광의 후임으로 순찰사가 되어서 군대를 이끌게 되었다. 그는 이광 등이 들판에서 싸우다 패전한 사실에서 교훈을 얻어 수원에 이르러 독성산성을 거점으로 하여 버티고 있었다. 그렇게 되자, 왜적은 감히 침공하지 못 했다. 그런 중에 명나라 구원병이 곧 서울에 들어올 것이라는 소식을 듣고 한강을 건너 행주산성으로 옮겨 진을 치고 있었던 것이다.

이때에 왜적이 서울에서 대거 출동하여 공격해 왔다. 군사들은 술렁거리며 지레 겁을 먹고 달아나려고 했지만, 강물이 뒤를 막고 있어 달아날 길이 없었다. 군사들은 하는 수 없이 도로 성안으로 들어와 힘껏 싸워 화살이 비 오듯 하였다. 왜적은 3진으로 나누어 교대로 공격했지만 모두 패배하고 말았다. 마침 날이 저물어 왜적은 도로 서울로 들어갔다. 권율은 군사들을 시켜 적의 시체를 거두어 사지를 찢어 여기저기 나뭇가지에 걸게 하여 분풀이했다.

얼마 뒤 왜적이 다시 나와 기필코 보복하려고 한다는 소식이 들렸다. 권율은 덜컥 겁이 났다. 결국 영책을 헐어 버리고 군대를 이동시켜 임진강에 이르러 도원수 김명원을 따랐다.

나는 이 소식을 듣고 혼자 말을 타고 파주 산성에 올라가서 지세를 살펴보았다. 그곳은 큰길에 닿아 있는 요충으로 지형이 험해서 거점으로 삼을만하다고 생각되었다. 나는 즉시 권율에게 순변사 이빈의 군대와 연합하여 그곳을 지켜 적군이 서도로 내려오는 길을 막도록 명령했다. 그리고 방어사 고언백·이시언, 조방장 정희현·박명현 등은 유격 부대가 되어서 해유령을 차단하게 하고, 의병장 박유인·윤선정·이산휘 등은 오른쪽 길을 따라 창릉[1]과 경릉[2] 사이에 잠복해 있도록 조처했다.

그래서 각기 자기 부대의 군사를 거느리고 출몰하면서 왜적을 기습 공격하되, 적병이 많이 나오면 싸우지 말고 피하며, 적병이 적게 나오면 곳곳에서 요격하게 했다. 이렇게 하고 난 뒤부터는 왜적은 성 밖에 나와 땔나무를 해가지 못했으며, 수많은 말이 죽어 갔다.

나는 다시 창의사[3] 김천일, 경기 수사(京畿水使) 이빈후, 충청 수사 정걸 등에게 명령하여 배를 타고 용산 서강을 따라 적의 세력을 분산시키도록 했다.

충청도 순찰사 허욱이 양성에 있었는데, 나는 그에게 돌아가 본도를 지키며 적이 남쪽으로 내달으려는 기세에 대비하도록 했다.

---

1) 창릉(昌陵): 예종의 능. 고양군 신도면 용두리 서오릉에 있음.
2) 경릉(敬陵): 덕종(德宗)의 비 소혜왕후의 능. 고양군 신도면 용두리 서오릉에 있음. 덕종은 세조의 큰아들 이장으로 세자로 책봉되었으나 왕위에 오르기 전에 죽었는데, 나중에 '덕종'으로 높여졌다.
3) 창의사(倡義使): 나라에 큰 난리가 일어났을 때 의병을 일으킨 사람에게 주던 벼슬.

경기·충청·경상 각 도의 관군과 의병에게는 공문을 보내어 각각 자기 위치에 있으면서 좌우로 요격하여 왜적의 통로를 차단하게 했다.

양근 군수 이여양은 용진[4]을 지키게 했다.

그리고 여러 장수가 베어 온 왜적의 머리는 모두 개성부 남문 밖에 매달게 하였다. 제독의 참군(參軍) 여응종은 이 광경을 보고 기뻐하며 말했다.

"조선 사람들이 이제는 왜적의 머리 베기를 공 쪼개듯 하는구려."

하루는 서울에 있던 왜적이 대대적으로 동문 밖으로 출동하여 산을 수색했다. 왜적은 양주·적성에서부터 대탄[5]까지 뒤지고 다녔으나 아무런 소득이 없었다. 사대수는 왜적이 습격해 올까 우려하여 나에게 알렸다.

"정탐하는 사람들의 말로는, 적이 사 총병(사대수)과 유 체찰(류성룡)을 잡으려 한다니, 잠시 개성으로 피하는 것이 어떻겠습니까?"

나는 이렇게 답변했다.

"아마 그럴 리가 없을 것입니다. 왜적은 지금 우리 대군이 가까운 곳에 주둔해 있다고 생각할 터인데, 어찌 섣불리 강을 건너겠습니까? 우리가 한 번 움직이면 민심이 분명 동요될 터이니, 조용히 기

---

4) 용진(龍津): 남한강과 북한강이 만나는 지점에서 북한강 쪽으로 6,7리 지점에 있었던 나루.
5) 대탄(大灘): 연천 남쪽 30리 지점에 있는 여울.

다리는 것이 좋겠습니다."

사대수는 웃으며 말했다.

"그 말씀이 정말 옳습니다. 가령 왜적이 온다고 하더라도 나와 체찰은 죽어도 같이 죽고 살아도 같이 살 터인데 어찌 감히 나 혼자 떠나겠습니까?"

그리고는 자기가 거느리고 있는 용사 수십 명을 떼어 보내어 나를 호위하게 했다. 그들은 비가 마구 퍼부을 때에도 밤새 나를 지키며 잠시도 게을리하지 않았다. 적군이 도로 성안으로 들어갔다는 소문을 듣고서야 비로소 경비를 그만두었다.

그 뒤 왜적은 권율이 파주에 있다는 것을 탐지하고서, 행주에서의 패전에 보복하려고 대군을 거느리고 서쪽으로 광탄6)까지 진출해 왔다. 그곳은 권율이 웅거하고 있는 산성에서 두어 마장 정도밖에 되지 않는 곳인데, 적은 군대를 머물러 두고 진격하지 않았다. 왜적은 오시7)부터 진을 쳤으나 미시8)에 이르도록 공격도 하지 않고 있다가, 도로 물러가 버리고 다시 나오지 않았다. 왜적은 지형을 보고는 권율이 웅거하고 있는 곳이 매우 험준해서 공격을 해도 승산이 없을 것이라 생각했던 것 같다.

나는 왕필적에게 편지를 보내어 말했다.

---

6) 광탄(廣灘): 파주 남쪽 10여 리 지점에 있었음.
7) 오시(午時): 오전 11시~오후 1시.
8) 미시(未時): 오후 1시~오후 3시.

"왜적은 지금 매우 험준한 지역에 진을 치고 있어 공격하기가 쉽지 않습니다. 대군이 동파·파주로 진격하여 왜적의 뒤를 바싹 따라잡아 견제하고, 남쪽에 있는 군사 1만을 뽑아서 강화에서 한강 남쪽으로 진격하게 하여 왜적이 미처 대비하지 못하고 있는 허점을 노려 여러 적진을 격파한다면, 서울에 있는 왜적은 귀로가 차단되어 반드시 용진 쪽으로 도주하게 될 것입니다. 이때 뒤에 있는 군대가 한강의 나루들을 덮치면 왜적을 한꺼번에 섬멸할 수 있을 것입니다."

왕필적은 무릎을 치며 기묘한 전략이라 칭찬하고는, 정탐꾼 36명을 뽑아 충청도 의병장 이산겸 후미의 군진으로 보내어 적의 형세를 살피게 했다.

당시 왜적의 정예 부대는 모두 서울에 있었고, 후방에 주둔하고 있는 적병들은 모두 기진맥진 허약한 자들이었다. 정탐꾼들이 기뻐 날뛰며 돌아와 보고했다.

"만 명까지도 필요 없습니다. 이삼천 정도의 군사만 있어도 격파할 수 있습니다."

이 제독은 중국 북방 출신의 장수였으므로 이 전쟁에서 중국의 남군을 몹시 견제했다. 그는 남군이 공을 세우는 게 싫어서 이 작전을 허락하지 않았다.

6 남은 군량으로 굶주린 백성들을 구제하다

군량을 제하고 남는 곡식을 풀어서 굶주린 백성들을 구제하자고 아뢰어 허락받았다.

당시는 왜적이 서울을 점거한 지가 이미 2년이나 지난 때였다. 그들의 칼날과 불길에 휩싸여 전국이 삭막했다. 백성들은 농사를 짓지 못하여 거의 다 굶어 죽어 가고 있었다. 살아남은 서울 성안의 백성들은 내가 동파에 있다는 소문을 듣고는 서로 붙들고 이끌고 짐을 이고 지고 찾아왔는데, 그 수는 이루 다 셀 수 없었다. 사 총병이 마산[1]으로 가는 길에 어린아이가 기어가서 죽어 있는 어미의 젖을 빨고 있는 것을 보고, 애처롭게 여겨 데려다가 군중에서 길렀다.

그가 나에게 말했다.

"왜적은 아직 물러가지도 않고, 백성들은 이렇게 비참한 상황에 놓여 있으니 장차 어떻게 해야 하겠습니까?"

그러고는 길게 탄식했다.

"하늘도 근심하고 땅도 슬퍼하겠구나!"

이 말을 듣고 나도 모르게 눈물이 흘러내렸다.

당시 남쪽 지방에서 곡식을 실어 온 배가 강가에 죽 늘어서 있었

---

1) 마산: 파주 서쪽 5리 지점에 있던 역.

으나 명나라 대군이 곧 다시 오게 되어 있어서 그 곡식은 다른 데에 쓸 수가 없었다. 마침 전라도 소모관2) 안민학이 피곡3) 1천 석을 모아 가지고 배로 실어 왔다. 나는 매우 기뻐서 즉시 임금께 글을 올려 이 곡식으로 굶주린 백성들을 구휼하자고 청했던 것이다.

그리하여 전 군수 남궁제를 감진관4)에 임명하고 솔잎을 따다가 가루로 만들어 백성 한 사람에 솔잎 가루 10푼과 쌀가루 1홉씩을 나누어 주고 그것들을 섞어 물에 타서 마시게 했다. 그러나 사람은 많고 곡식은 적어서 살아남은 사람이 얼마 되지 않았다. 명나라 장수들도 불쌍히 여겨 자기들이 먹을 군량 중에서 30석을 떼어 백성들에게 나누어 주었으나, 필요한 양의 백분의 일에도 미치지 못하였다.

어느 날 밤 큰비가 왔다. 굶주린 백성들이 나의 좌우에서 슬픈 신음을 내고 있었다. 차마 들을 수가 없었다. 아침에 일어나 보니 많은 사람이 어지러이 쓰러져 죽어 있었다.

경상우도 감사 김성일도 전 전적5) 이노를 보내어 내게 급한 사정을 알려 왔다.

2) 소모관(召募官): 조선 왕조 때 의병을 모집하던 임시 벼슬.
3) 피곡(皮穀): 겉껍질을 벗겨 내지 않은 곡식. 겉곡식.
4) 감진관(監賑官): 굶주리는 백성을 구제하는 일을 감독하는 임시 벼슬.
5) 전적(典籍) : 성균관의 정육품 벼슬.

전라좌도의 곡식을 꾸어다가 굶주린 백성들을 구휼하고, 또 봄갈이 종자로 하려고 하는데 전라도사(全羅都事) 최철견이 꾸어 주려고 하질 않습니다.

그때 지사(知事) 김찬이 체찰부사(體察副使)로서 호서(湖西)에 있었다. 나는 즉시 김찬에게 공문을 보내서 빨리 전라도로 내려가서 남원 등지의 창고를 직접 열어서 곡식 1만 석을 영남으로 보내 백성들을 구제하도록 지시했다. 당시 서울에서 남쪽 변경에 이르기까지 적군이 가로 뻗쳐 있어, 때가 4월인데도 백성들은 모두 산골에 숨어 있느라 어느 한 곳도 보리갈이를 해둔 곳이 없었다. 적군이 몇 달만 더 버티고 물러가지 않았다면 살아남을 백성이라곤 없었을 것이다.

7 강화론, 류성룡의 강력 반대

유격장군 심유경이 다시 서울에 들어가 왜적에게 물러가라고 권유했다.

4월 7일에는 제독 이여송이 부대를 이끌고 평양에서 개성부로 돌아왔다.

이보다 앞서서 김천일의 부대에서 이신충이란 이가 왜적의 동정을 살피고 오겠다며 자청하여 서울에 들어갔다. 그는 서울에서 두 왕자와 장계군 황정욱 등을 만나보고 돌아와서, 왜적에게 강화할 생각이 있더라고 보고했다. 그 뒤 얼마 지나지 않아 왜적은 용산에 있는 우리 수군 부대에 편지를 보내어 강화하자고 요청했다. 김천일이 그 편지를 나에게 보내왔다. 나는 제독에게는 이미 싸울 생각이 없지만 혹시 이 기회를 틈타서 왜적을 물리치려고 한다면 다시 개성으로 돌아올 수밖에 없을 것이고, 그렇게 되면 일을 끝낼 수도 있으리라고 생각하여 편지를 사대수에게 보였다. 사대수는 즉시 자기 하인 이경을 평양으로 보내 보고하게 했다. 이래서 제독이 다시 심유경을 파견했던 것이다.

김명원이 심유경을 보고 물었다.

"왜적이 평양에서 속은 것을 분하게 생각하고 좋지 않은 뜻을 가지고 있을 게 분명한데, 다시 적진에 들어갈 수 있겠소?"

"왜적이 저들 스스로 빨리 물러가지 않았기 때문에 패배한 것인데 내게 무슨 상관이 있소?"

심유경은 그렇게 말하고 다시 적진으로 들어갔다.

적중에서 그가 한 말을 듣지는 못 했으나, 아마도 '두 왕자와 왕자를 수행했던 신하들을 돌려보내고, 부산까지 물러나라'고 촉구하고, '그런 뒤에 강화를 허락하겠다'고 했을 것이다. 그리고 적은 이 제안을 받아들이겠다고 약속했을 것이다. 그리하여 제독이 드디어 개성으로 돌아왔다.

나는 제독에게 강화가 중요한 일이 아니라 왜적을 쳐부수는 것이 보다 우선한다고 강력하게 주장하는 편지를 보냈고, 제독이 회답을 보내왔다.

내 생각도 그렇소. 왜적의 강화 요청을 들어줄 생각은 없소.

제독은 다시 유격장군 주홍모를 왜적의 진영으로 보냈다. 나는 그때 마침 도원수 김명원과 함께 권율의 진중에 있다가 파주에서 주홍모를 만났다. 주홍모가 우리더러 기패[1]에 절을 하라고 하여 내가 항의했다.

---

1) 기패(旗牌): 제왕의 명령을 받은 전령사가 소지하는 깃발과 패지(牌旨)를 말함. 패지는 지위가 높은 사람이 낮은 사람에게 명령하는 문서임.

"이것은 왜적의 진영으로 들어갈 기패인데 우리가 무엇 때문에 절해야 한단 말이오. 또 송시랑[2]이 적을 죽이지 말라고 한 패문[3]이 있으니 더더욱 그 뜻을 받아들일 수가 없소."

주홍모는 서너 차례나 강요했으나, 나는 아예 상대하지 않고 말을 타고 동파로 돌아와 버렸다. 주홍모가 제독에게 사람을 보내어 이 사실을 보고하자 제독은 펄펄 성을 내어 말했다.

"기패는 바로 황제의 명령이다. 저 달단[4] 같은 오랑캐도 이를 보면 절을 하는데, 어째서 절을 하지 않는단 말이냐. 내 군법을 시행한 뒤에 회군할 것이다."

접반사 이덕형이 급히 내게 이런 사실을 알리면서 충고했다.

"내일 아침에 와서 사과하는 수밖에 없겠습니다."

이튿날 나는 도원수 김명원과 함께 개성으로 갔다. 제독 처소의 문 앞에 가서 이름을 말하고 제독을 만나겠다고 했으나 제독은 성이 나서 만나 주지 않았다. 김 원수는 그만 물러가자고 했으나, 나는 제독이 우리를 시험하고 있는 게 틀림없으니 좀 더 기다려 보자고 했다. 비가 약간 내리고 있었다. 우리 두 사람은 조심스러운 자세로 문밖에 서 있었다. 한참 있으려니 제독의 부하가 문에 나와 엿

---

2) 송시랑(宋侍郞): 당시 명나라의 병부(兵部) 우시랑(右侍郞)인 송응창(宋應昌)을 가리킴.
3) 패문(牌文): 패지(牌旨)의 내용.
4) 달단: 예전에 만주 흥안령 서쪽 기슭이나 음산(陰山) 산맥 부근에 살던 몽고 민족의 한 부족인 타타르인의 칭호. 명대 이후에는 몽골 민족 전체나, 중국 북방의 여러 민족의 총칭이 되었음.

보고 들어갔다. 그러기를 두 번이나 하고 나더니 조금 뒤에 들어오라고 했다. 제독은 마루 위에 서 있었다. 나는 앞으로 나가 인사를 하고 이어 사과했다.

"소인들이 아무리 어리석다고 하나 어찌 기패를 보면 예를 갖추어야 한다는 것을 모르겠습니까? 다만 기패 곁에 우리나라 사람이 왜적을 죽이는 것을 허락하지 않는다는 패문이 있어, 우리로서는 분한 마음에 감히 절하지 않았던 것입니다. 죄를 벗어날 길이 없습니다."

제독은 부끄러운 기색을 띠며 말했다.

"그 말이 매우 타당하오. 패문은 송 시랑이 지시한 것이고, 나와는 관계가 없는 일이오."

이어서 이렇게 말했다.

"요사이 헛소문이 많이 나돌고 있소. 조선의 신하들이 기패에 예를 갖추지 않았는데도 내가 용서하고 문책하지 않았다는 사실을 들으면 시랑은 분명 나까지 몰아서 문책할 것이오. 사정을 해명하는 문서를 보내 주시오. 혹시 시랑이 문책해 오면 내가 그것으로 해명할 것이고, 문책해 오지 않으면 그만두기로 하지요."

우리 두 사람은 절을 하고 물러 나와, 그가 말한 대로 문서를 만들어 보냈다.

그때부터 제독은 연달아 사람을 왜적의 진영에 왕래시켰다.

하루는 내가 도원수 김명원과 함께 제독에게 문안을 하러 갔다.

동파로 돌아오는 길에 천수정 앞에 이르러 동파에서 개성으로 들어오는 사대수의 하인 이경을 만나 말에 탄 채 서로 가볍게 인사를 나누고 지나쳤다. 초현리에 이르렀을 때 명나라 사람 셋이 말을 타고 우리 뒤쪽에서 달려오면서 소리쳤다.

"체찰사는 어디 있소?"

"내가 체찰사요."

그러자 그들은 말머리를 돌리라고 소리 지르고, 그중 한 사람이 손에 쥔 쇠사슬을 길게 휘둘러 내 말을 마구 치면서 "이랴, 이랴!" 하며 몰아댔다. 나는 무슨 영문인지 몰라 일단 말머리를 돌려 개성을 향해 달렸다. 그 사람은 내가 탄 말 뒤를 바싹 따라오며 계속 말에 채찍질했다. 수행원은 모두 뒤처지고 군관 김제와 종사관 신경진 두 사람만이 힘을 다해 뒤따라올 뿐이었다.

개성 동쪽의 청교역을 지나 곧 토성 모퉁이에 닿을 참에 또 한 사람이 말을 타고 개성 성안에서 달려왔다. 그가 세 기병에게 무어라고 수군거리니 그제야 그들은 나에게 읍례하고는 돌아가도 좋다고 했다. 나는 도무지 무엇이 어떻게 된 건지 어리둥절한 채로 돌아왔다.

이튿날 이덕형의 통지를 받고서야 비로소 전말을 알게 되었다.

제독이 신임하는 하인이 외출했다가 들어와서 제독에게 이렇게 보고했다.

"류 체찰은 강화를 원하지 않아, 왜의 진영에 사자가 내왕하지 못하게 임진강의 배들을 모두 치워 버렸습니다."

이 말을 곧이들은 제독은 생각해 볼 겨를도 없이 성부터 나서 나를 잡아다가 곤장 40대를 치려고 작정했다. 내가 제독의 처소로 몰려가고 있는 동안에 제독은 성이 나서 눈을 부라리고 팔을 내휘두르며 앉았다 섰다 어찌할 바를 몰라 하여 측근들이 모두 벌벌 떨고 있었다. 한참 뒤에 이경이 당도하자, 제독은 대뜸, '임진강에 배가 있더냐?'고 물었다.

"배 여럿이 있어 강을 건너는 데에 아무런 지장이 없습니다."

이경의 대답을 듣고 제독은 즉시 사람을 시켜 나를 뒤쫓는 자들을 정지시키게 했다. 그리고 그 하인에게는 엉뚱한 소리를 했다고 해서 곤장 수백 대를 치고 기절하자 끌어냈다. 그는 나에게 성냈던 것을 후회하며 사람들에게 말했다고 한다.

"만일 체찰사가 여기까지 왔더라면 내가 어떻게 처신해야 했겠는가."

제독은 항상 내가 강화에 대한 논의를 달갑게 여기지 않는다고 하여, 평소 나에게 편찮은 마음이 있었다. 그랬기 때문에 말을 듣자마자 다시 살펴볼 겨를도 없이 벌컥 화부터 냈던 것이다. 사람들이 모두 나를 위태롭게 여겼다.

며칠 뒤에 제독은 다시 유격장군 척금과 전세정 두 사람에게 기패를 들려 동파로 보내왔다. 그들은 나와 도원수 김명원, 관찰사 이정형을 함께 불러서 조용히 말했다.

"왜적이 왕자와 신료들을 내보내고 서울에서 물러나겠다고 합니다. 그들의 청을 들어주고, 그들이 성에서 나간 다음에 계책을 써서 뒤쫓아 섬멸하도록 해야겠습니다."

이것은 제독이 그들을 시켜 내 생각이 어떤지를 탐색하자는 것이었다. 나는 여전히 종전의 주장을 고집하여 밀고 당기기를 계속했다. 전세정은 성질이 급했다. 그는 발칵 성을 내어 소리쳤다.

"그렇다면 당신들의 국왕은 왜 서울을 버리고 도피했더란 말이오?"

나는 천천히 대답했다.

"서울을 옮겨 국가를 보존할 길을 찾는 것도 하나의 방도입니다."

척금은 그저 자주자주 나를 보아가며 세정과 미소를 주고받을 뿐 아무런 말도 하지 않았다. 전세정 등은 마침내 돌아갔다.

4월 19일, 제독이 대군을 거느리고 동파에 도착하여 사대수 부총병의 막사에 묵었다. 적이 이미 물러나겠다고 약속했기 때문에 서울에 입성하기 위함이었을 것이다. 내가 제독의 숙소에 문안 인사를 하러 갔더니, 제독은 나를 만나주지도 않았다. 다만 통역관에게 이렇게 말하더라고 했다.

"체찰사는 나를 좋지 않게 생각하고 있을 터인데도 문안을 하러 왔단 말인가?"

징비록 2

8 서울 수복, 그러나 추격을 기피하는 명군

4월 20일, 서울을 되찾았다

명나라 군사가 입성했다. 왜적은 하루 전에 성을 나간 상태였다. 이 제독은 소공주의 저택에 처소를 정했다(소공주의 저택은 뒤에 남별궁이라 부르게 된 집이다).

나도 명나라 군사를 따라 입성했다. 성 안에 남아 있던 백성들을 보니, 백 사람 중에 한 사람 살아남았을까 말까하고, 살아 있는 사람도 모두 굶주리고 지쳐서 얼굴빛이 귀신이나 다름없었다.

날씨는 더운데 사람과 말의 시체가 곳곳에 그대로 방치되어 있어서 악취와 더러움이 성안에 가득하여 사람들은 코를 막아야 지나갈 수가 있었다.

공사(公私)의 건물들도 다 없어졌다. 다만 숭례문(남대문)에서 동편으로 남산 밑을 따라 늘어서 있는 일대에만 적들이 거처하던 집들이 조금 남아 있을 뿐이었다. 종묘와 경복궁·창덕궁·창경궁, 종루, 각 관청, 성균관과 사학1) 등 큰 거리2)의 북편에 있던 건물들은 확 쓸려 없어지고, 불타고 남은 재만이 남아 있을 뿐이었다. 소공주

---

1) 사학(四學): 조선 시대에 서울의 4부(部)에 설치되어 있던 관립 교육기관으로, 중학(中學)·동학(東學)·서학(西學)·남학(南學)이 그것임.
2) 거리: 현재의 종로가도를 가리킴.

의 저택은 왜장수가 거처했기 때문에 남아 있게 된 것이다.

나는 먼저 종묘에 가서 통곡했다. 다음에 제독의 처소에 가서 문안하러 온 신료들을 만나 함께 통곡했다.

다음 날 아침 다시 제독의 처소에 가서 안부 인사를 하고 나서 제안했다.

"적병이 이제 막 물러갔으므로 분명 그리 멀리는 가지 못 했을 것입니다. 군대를 출동시켜 급히 추격하십시오."

"내 생각도 진실로 그러하오. 그런데 급히 추격하지 못하고 있는 것은 한강에 배가 없기 때문이오."

"만약, 대인이 왜적을 추격하려고만 한다면, 이 사람이 당연히 먼저 강에 가서 배들을 마련해 두겠소이다."

"그러면 아주 좋겠소."

그래서 나는 한강으로 나갔다.

이보다 앞서 나는 경기도 우감사(京畿道右監司) 성영과 수사 이빈후에게 공문을 보내어, 왜적이 간 뒤에는 급히 강에 있는 크고 작은 배들을 거두어, 착오 없이 모두 한강에 모아 두라고 지시해 두었다. 그래서 이때에 이미 한강에 도착해있는 배가 80척이나 되었다. 나는 제독에게 사람을 보내어 배가 준비되었다고 보고했다.

한 식경3)쯤 지나서 영장(營將) 이여백이 만여 명의 군사를 거느리

---

3) 식경(食頃): 밥을 먹는 동안 잠깐 동안을 뜻함.

고 강가로 나왔다. 군사들이 반쯤 건너니 날이 저물었다. 그런데 이 여백은 갑자기 발병이 났다고 핑계를 대고, 성안에 돌아가 발병을 고치고 나서 진군해야겠다고 하고는 가마를 타고 돌아가 버렸다. 그래서 이미 강을 건너간 군사들까지 모두 도로 건너와 성 안으로 들어가 버렸다. 나는 몹시 분했지만 어찌할 도리가 없었다.

제독은 속으로는 적을 추격할 생각이 없으면서 그저 허투루 속여 대답했던 것이었다.

23일, 나는 드디어 병이 나서 드러눕게 되었다.

9 진주성이 무너지다

5월에 제독 이여송은 왜적을 추격하여 문경까지 갔다가 되돌아왔다. 시랑 송창이 제독에게 공문을 보내 왜적을 추격하게 했던 것이다.

그때는 왜적이 서울에서 떠난 지 수십 일이 지난 때였다. 시랑은 사람들이 자기가 왜적을 놓아주고 추격하지 않았다고 비난할 게 두려워서 짐짓 이러한 행동을 꾸며 보였을 뿐, 실제로는 겁이 나서 감히 진격하지도 못하고 되돌아온 것이다.

왜적은 아주 천천히 행군했다. 쉬엄쉬엄 느리게 나아갔으나, 연도에 있는 아군은 모두 옆길로 피해 숨고, 나서서 공격하는 자가 없었다.

왜적은 물러가 남쪽 해안 지방에 나누어 주둔했다. 울산 서생포에서부터 동래·김해·웅천·거제에 이르기까지 모두 16개 부대가 잇달아 주둔하고 있었다. 그들은 모두 산에 의지하고 바다를 끼고서 성을 쌓고 참호를 파서 아주 장기간 주둔할 준비를 갖추고, 쉬이 바다를 건너갈 기색을 보이지 않았다.

명나라 조정에서는 뒤이어 복건(福建)·서촉(西蜀)·남만(南蠻) 등지에서 모집한 군사 5천 명을 딸려 사천 총병(四川摠兵) 유정(劉綎)을 내보냈다. 그들은 성주의 팔거에 주둔했다. 남장(南將) 오유충(吳惟忠)은 선산의 봉계에 주둔하고, 이영(李寧)·조승훈(祖承訓)·갈봉하(葛逢夏)는 거창에 주둔하고, 낙상지(駱尙志)·왕필적(王必迪)은 경주에 주둔했다. 이렇게 왜적을 둘러싸기는 했으나, 서로 버티고만 있을 뿐 진격하지는 않고 있었다.

이들의 군량은 호서·호남 지방에서 조달해 왔는데, 험준한 산을 넘어 운반해 와서 곳곳에 흩어져 있는 각 진영에 나누어 공급하느라 백성들은 몹시 시달렸다.

제독은 다시 심유경을 왜적의 진영에 보내서 그들에게 바다를 건너가라고 타일렀다. 또 서일관과 사용재를 일본의 나고야에 파견하여 관백을 만나보게 했다.

6월에야 왜적은 임해군과 순화군 두 왕자와 재신 황정욱·황혁 등을 돌려보내고 심유경에게 우리 측에 돌아가 보고하게 했다. 그런 한편 왜적들은 진주로 진격하여 성을 포위하고는 지난해 패전의 원한을 갚겠다고 내놓고 큰소리쳤다. 왜적이 임진년에 진주를 포위했다가 목사 김시민의 완강한 방어로 이기지 못하고 물러난 일이 있었기 때문에 그렇게 나온 것이다.

8일 만에 진주성은 함락되었다. 목사 서예원, 판관 성수경, 창의사 김천일, 본도 병사 최경회, 충청 병사 황진, 의병 복수장, 고종후 등이 모두 전사했다. 군사와 백성을 합쳐 사망자가 6만여 명이나 되었고, 심지어 소·말·닭·개 따위의 가축조차도 살아남은 것이 없을 정도였다. 왜적은 성벽을 까뭉개고, 호를 메우고,

우물을 틀어막고, 나무를 베어 버리는 등 지난해 패전의 분풀이를 한껏 했다. 때는 1593년 계사년 6월 28일이었다.

앞서 조정에서는 적이 남쪽으로 내려갔다는 소식을 듣고, 연달아 장수들을 독려하여 왜적을 추격하라고 명했다. 도원수 김명원과 순찰사 권율 이하 관군·의병들은 모두 의령에 집결했다. 권율은 행주 승첩으로 자신감에 넘쳐 있던 터라 당장 기강[1]을 건너 전진하려고 했으나 곽재우와 고언백이 말렸다.

"적은 지금 한창 사기가 올라 있는데, 아군은 대부분 오합지졸로서 전투를 감당할만한 자가 적습니다. 뿐만 아니라 앞길에는 군량도 없으니 경솔하게 전진해서는 안 됩니다."

다른 사람들은 그저 우물쭈물하고 있을 뿐이었다. 이빈의 종사관 성호선은 우매하여 사리 판단도 하지 못하면서, 팔을 내휘두르며 여러 장수가 머뭇거린다고 마구 책망을 했었다. 그는 권율과 의논이 맞았다.

결국 강을 건너 진군하여 함안에 이르렀다. 그러나 함안성은 텅 비어서 아무것도 얻을 것이 없었다. 군사들은 먹을 것이 없어서 풋감을 따 먹을 지경이었다. 이렇게 되자 군사들은 싸울 의욕이 없어졌다. 이튿날 첩자가 왜적이 김해에서 대규모로 오고 있다고 보고해 왔다. 여러 사람이 함안을 지켜야 한다, 혹은 물러나 정

---

1) 기강(岐江): 남강(南江)의 하류. 낙동강과 합류하기 전 의령 동쪽을 흐르는 강.

진2)을 지켜야 한다, 의견이 분분하여 결단을 내리지 못하고 있었다. 이러는 동안에 왜적의 포 소리가 들려오자 사람들은 술렁거리고, 두려움에 휩싸여 다투어 성을 탈출하고, 그 와중에 줄다리에서 떨어져죽은 자도 꽤 많았다. 정진으로 도로 건너와서 바라보니 적군이 수륙 양면으로 몰려오는데 들판과 강물 위가 빽빽할 정도였다. 장수들은 결국 각각 흩어져 갔는데, 권율·김명원·이빈·최원정 등은 먼저 전라도로 향하고, 김천일·최경회·황진 등만이 진주로 들어갔다.

왜적은 이들을 뒤따라 진주로 와서 성을 포위했다. 목사 서예원과 판관 성수경은 명나라 장군의 지대차사원3)으로 오랫동안 상주에 있다가 왜적이 진주로 향한다는 소식을 듣고 허둥지둥 돌아왔다. 그것이 왜적이 성을 포위하기 겨우 이틀 전이었다.

진주성은 원래 사방이 험준한 지형으로 둘러싸인 곳에 축조되어 있었는데, 임진년에 동쪽으로 옮겨 평지에 내려다 쌓았다. 그래서 이 싸움에서 적은 비루4) 8좌(座)를 세워 성안을 내려다볼 수 있었다. 왜적은 성 밖의 대나무를 베어다가 큰 묶음을 만들어 그것으로 비루를 죽 둘러막았다. 그리하여 이쪽의 화살과 돌을 막으면서 그

---

2) 정진(鼎津): 의령 동쪽6리 지점에 있는 남강의 정암진을 이르는 듯. 함안과의 경계에 있다.
3) 지대차사원(支待差使員): 공사에 복무하는 높은 벼슬아치의 먹을 것과 쓸 물건을 이바지하는 임무를 위하여 중앙에서 파견하는 임시 직원.
4) 비루(飛樓): 매우 높은 곳에 세운 누각.

안에서 조총을 비 오듯 쏘아 대니, 성 안의 사람들은 감히 머리도 내밀지 못 했다. 게다가 김천일이 거느린 군사라는 것도 모두 서울 저잣거리에서 모집한 무리들이었고, 김천일 자신은 병법도 알지 못 하면서 지나치게 자기 의견만을 내세웠다. 그는 평소부터 서예원을 미워했다. 그래서 주인과 객이 서로 질시하게 되어 서로 다른 호령을 내렸다. 이런 이유 때문에 크게 패한 것이다.

오직 황진이 동쪽 성을 지켜 여러 날을 싸우다가 적탄에 맞아 죽었다. 군인들은 기가 꺾였고, 밖에서는 지원군도 오지 않는 데다 마침 비가 내려 성한 모퉁이가 무너지자 적군이 성벽 위에 붙어서 들어왔다. 성안의 사람들은 가시나무를 묶어 막고 돌을 던지며 있는 힘을 다해 적을 막았다. 그래서 왜적이 거의 퇴각하게 될 단계까지 갔다.

그런데 성의 북문을 지키던 김천일의 부대가 성이 이미 함락되어 가는 것으로 지레짐작을 하고서 제일 먼저 허물어졌다. 왜적은 산에서 아군이 흩어지는 광경을 바라보고는 한꺼번에 몰려들어 성벽에 기어올랐다. 그것을 보고 아군의 부대들은 큰 혼란에 빠지고 말았다.

김천일은 촉석루로 가서 최경회와 손을 잡고 통곡하다가 강물에 뛰어들어 죽었다. 몇 되지 않는 군사와 백성이 간신히 살아서 빠져 나왔다. 왜란이 시작된 이래 이 전투에서처럼 사람이 많이 죽은 경우는 없었다.

조정에서는 김천일이 의를 위해 죽었다고 해서 종1품에 의정부 우찬성을 증직했다. 그리고 권율이 용감히 싸우며 왜적을 두려워하지 않는다고 해서 김명원과 교체하여 원수에 임명했다.

총병(摠兵) 유정(劉綎)은 진주가 함락되었다는 소식을 듣고 팔거에서 합천으로 달려가고, 오유충은 봉계에서 초계로 가서 경상우도를 지켰다. 왜적도 진주를 함락시킨 뒤에는 부산으로 돌아가서 기다리며 명나라 조정에서 강화를 허락하면 바다를 건너가겠다고 했다.

10 명나라의 강화 활동

10월에 임금께서 서울로 돌아오시고, 12월에 명나라에서 행인사 행인[1] 사헌이 사신으로 왔다.

이보다 앞서 심유경이 항복하겠다는 도요토미 히데요시의 표문을 가지고 왜장 고니시히[2]와 함께 명나라로 돌아갔다. 그러나 명나라 조정에서는 표문이 도요토미 히데요시가 보낸 것이 아니라 고니시 유키나가 등이 위조한 것이라 의심했다. 더구나 심유경이 돌아오자마자 진주가 함락되었다. 그래서 강화하려는 성의가 부족하다 해서 고니시히를 요동에 머물게 두고 오래도록 회답을 보내지 않았다.

당시 제독 이여송과 명나라 장수는 모두 돌아가고, 유정과 오유충·왕필적 등만이 1만여 명의 군사를 거느리고 팔거에 주둔하고 있었다.

전국이 심한 기근에 허덕이고 있었고, 군량 공급에 지쳐서 노약자들은 쓰러져 가고, 장정들은 도적이 되고 있는 지경이었다. 게다가 전염병이 겹쳐서 백성들이 거의 다 죽어 가는 판국이었다. 심지

---

1) 행인사(行人司) 행인(行人): 행인사는 외국과의 사신 왕래를 관장했던 관청, 행인은 거기에 소속된 관직.
2) 고니시히: 소서비(小西飛). 나이토 조안(內藤如安)으로도 부른다.

어 부자·부부가 서로 잡아먹기까지 했다. 해골은 곳곳에 잡초처럼 널려 있었다.

얼마 지나지 않아 유정의 군대가 팔거에서 남원으로 옮기더니, 다시 남원에서 서울로 돌아와 10여 일 동안 머물다가 슬그머니 서쪽으로 가 버렸다. 그런데 적군은 여전히 남쪽 바닷가에 남아 있어 백성들은 더욱 두려움에 떨고 있었다.

이때에 경략(經略) 송응창은 탄핵을 받아 소환되어 가 버리고, 새 경략으로 고양겸이 임명되었다. 그는 요동까지 와서는 참장(參將) 호택에게 공문을 주어 보내어 우리나라 사람들을 설득했다 그 내용의 대략은 다음과 같았다.

왜놈들이 무단히 너희 나라를 침략하여 파죽지세(破竹之勢)로 서울·개성·평양의세 도시를 점거, 너희 나라 토지와 백성의 10분의 8, 9를 차지하고, 너희 나라의 왕자와 신하들을 사로잡았다. 이에 황제 폐하께서 노하시어 군대를 출동시켜 한 번 싸워 평양을 격파하고, 두 번째로 진격하여 개성을 탈환하자, 왜놈들은 마침내 서울에서 달아나고 왕자와 신하들을 풀어 주었으며, 2천여 리의 땅을 되찾게 되었다. 우리가 소비한 내탕금3)만도 헤아릴 수 없이 많으며, 죽은 군사와 말 또한 적지가 않다. 우리 조정에서 속국(屬國)을 대우하는 은혜와 의리

----

3) 내탕금(內帑金): 임금의 개인적 재산으로 내탕고에 넣어둔 돈.

가 이런 정도에 이르렀고, 황제 폐하의 가없는 은덕 또한 너무도 크다.

이제 군량은 더 이상 운반할 수가 없으며, 군대는 다시 또 출동시킬 수가 없다. 그런데다 왜놈들도 역시 황제 폐하의 위엄을 두려워하여 항복을 청하고, 또 제후로 봉해 주고, 세공을 바치게 해주기를 빌고 있다. 우리 조정으로서는 그들을 제후로 봉하고 공물을 바치도록 허락해 주고, 그들을 외신(外臣)으로 받아들여 주는 것이 참으로 마땅할 것이다. 그리하여 왜놈들을 모조리 몰아내어 바다를 건너가게 하고, 다시는 너희 나라를 침범하지 못하게 하여 전란을 그치게 함은 너희 나라를 길이 편안케 하는 계책이 될 것이다. 지금 너희 나라는 식량이 다해 백성들이 서로 잡아먹는 처지에 있는데 또 무엇을 믿고 우리에게 군사를 보내 달라고 청하겠는가. 우리가 너희 나라에 군대와 식량을 주지 않고, 또 왜놈들에게 제후 책봉과 공물 바치는 것도 거절한다면 왜놈들은 반드시 너희 나라에 대해 악독한 마음을 행사할 것이니, 그렇게 되면 너희 나라는 망하고 말 것이다. 어째서 조속히 너희 스스로를 위한 계책을 세우지 않는다는 말이냐.

옛날 월(越)나라 구천(勾踐)이 회계(會稽)에서 오(吳)나라에 패전하여 곤욕을 당했을 때 어찌 오나라 부차(夫差)의 살을 씹어 먹고 싶지 않았겠는가. 그렇지만 그가 우선 그 치욕을 참은 것은 언젠가 반드시 복수하겠다는 각오가 있었기 때문이었다. 그래서 자신은 부차의 신하가 되고, 아내는 부차의 첩이 되었던 것이다. 그런데 지금은 왜놈들이 스스로 중국의 신하가 되기를 청하고 있으니 훨씬 유리한 상황이 아니겠는가. 너희는 마음을 넓게 가지고 서서히 후일을 도모한다면 이것은 구천과 그의 신하들이 썼던 계책보다 나은 것이다. 이 정도를 참지 못한다면 이는 조급하고 속 좁은 졸장부의 식견일 뿐, 복수하고 설욕할 영웅은 못 되는 것이다. 너희가 왜를 위해, 그들을 제후로 봉하고 해마다 공물을 바칠 수 있도록 중국에 청하고, 중국이 그 청을 허락해 준다면 왜는 필시 중국에 대해 더욱 감사할 것이며, 또 조선에 대해 고맙게 생각하여 반드시 전쟁을 그치고 떠나갈 것이다. 왜가 떠나간 뒤에 너희 나라 임금과 신하들이 고심초사4)하고 와신상담5)하여 구천과 같은 사업을 닦아 천운이 좋게 돌아오면 왜에 대해 복수할 날이 오지 않겠는가.

사연이 세세히 길게도 펼쳐졌으나 대의는 위와 같았다. 그러나 호택이 숙소에 묵은 지 3개월이 지나도록 조정의 의논은 결정이 나지 않았고, 임금의 생각은 더욱 난처한 듯했다.

나는 그때 병으로 쉬고 있었으므로 글을 올려서 내 생각을 아뢰었다.

"왜를 제후에 봉해 주도록 명나라에 요청하는 것은 이치를 따져

---

4) 고심초사(苦心焦思): 마음을 태우며 애써 생각하다.
5) 와신상담(臥薪嘗膽): 섶에 누워 쓸개를 맛본다는 뜻으로, 원수를 갚거나 마음먹은 일을 이루려고 괴로움과 어려움을 참고 견딤.

볼 때 있을 수 없는 일입니다. 그러나 최근의 사정을 자세히 보고하여 명나라 조정의 결정에 따르는 것이 타당할 것입니다."

이런 내용으로 몇 차례나 아뢴 뒤에야 임금의 허락을 받았다.

이리하여 진주사6) 허욱이 명나라로 떠났다.

당시 경략 고양겸도 사람들의 비난을 받아 사임해 떠나고, 새 경략으로 손광(孫鑛)이 부임해 왔다. 명나라 병부에서는 황제에게 아뢰어 나이토 조안을 북경으로 데려다가 세 가지 조건을 다짐했다.

1) 제후로 책봉해 줄 것만 요구하고, 세공을 바치게 해달라는 요구는 하지 않을 것.
2) 한 사람의 왜병도 부산에 머무르지 않을 것.
3) 영구히 조선을 침범하지 않을 것.

이상의 조건을 지키기로 약속한다면 즉시 책봉해 줄 것이나, 약속하지 않는다면 책봉해 줄 수 없다고 하니, 나이토 조안은 하늘을 가리키며 약속을 지키겠다고 맹세했다.

이리하여 드디어 심유경에게 다시 나이토 조안을 데리고 왜군의 진영에 들어가 황제의 뜻을 널리 알리게 했다. 아울러 이종성과 양방형 각각 상사와 부사에 임명하여 일본에 가서 도요토미 히데요시

---

6) 진주사: 임시로 보고할 일이 있을 경우 중국에 보내는 사신.

를 일본 국왕에 봉해 주기로 결정했다. 그러나 일단 일행은 우리의 서울에 머물러 있다가 왜군이 남김없이 철수한 뒤에 일본으로 가도록 하였다.

1595년 을미년 4월에 이종성 등이 서울에 왔다. 그래서 연달아 사자를 보내어 왜에게 빨리 바다를 건너가도록 독촉했다. 이런 사명을 띤 사자들이 쉴 새 없이 오고 갔다.

왜는 먼저 웅천에 주둔하고 있던 두어 진7)과 거제·장문·소진포 등지의 여러 둔8)을 철수시켜 신의를 보였다. 그러고는 평양에서처럼 속을까 걱정스러우니, 명나라 사신이 왜의 진영에 들어오면 모든 것을 약속대로 하겠다고 말했다.

8월에 부사 양방형이 병부의 공문을 받고 먼저 부산으로 갔다. 그러나 왜는 즉시 다 철수하지 않고, 차일피일 시일을 끌면서 다시 상사가 와야 한다고 요청했다 이렇게 되자 왜의 속셈을 의심하는 사람이 많아졌다.

병부 상서 석성은 심유경의 말을 믿어 왜에게 딴 뜻이 없다고 생각하고, 군대를 물러나게 하는 게 급선무라고 여겼다. 그래서 여러 차례 재촉하여 상사 이종성을 앞서 가게 하였다. 명나라 조정에 이론이 많았지만 석성은 분연히 자신이 책임을 지고 나섰다.

---

7) 진(陣): 전투 대형을 갖추고 있는 군부대.
8) 둔(屯): 비교적 단순한 형태로 한 곳에 집결해 있는 군부대.

9월에 이종성이 양방형의 뒤를 이어 부산으로 갔다. 그러나 고니시 유키나가는 즉시 와서 만나지 않고, 관백에게 보고하여 결정을 받은 뒤에야 명나라 사신을 맞이하겠다고 했다.

고니시 유키나가가 일본으로 들어갔다가 1596년 병신년 정월에 돌아왔다. 돌아와서도 그는 여전히 군대를 철수하는 문제에 대해서는 명백히 말하지 않았다. 그래서 심유경은 두 사신을 머물러 있게 하고, 다시 혼자서 고니시 유키나가와 함께 먼저 바다를 건너갔다. 그는 일본이 명나라 사신을 영접할 예절을 의논하여 확정하러 간다고 이유를 내세웠는데, 사람들은 그 내막을 추측할 수가 없었다. 심유경은 비단옷을 입고 배에 올랐는데, 깃발에다 '조집양국[9]'이란 넉 자를 커다랗게 써서 뱃머리에 세우고 떠나갔다 떠나고 난 뒤 오랫동안 아무런 소식이 없었다.

이종성은 명나라 개국공신 이문충(李文忠)의 후예이다. 조상이 세운 공으로 대대로 작위를 물려받은 부귀한 가문의 자제로서 자못 겁이 많았다.

"왜의 우두머리가 실은 제후로 책봉받을 생각은 없고 이종성 등을 유인하여 데려다가 가두어 두고 곤욕을 주려 한다."

어떤 사람이 이종성에게 이렇게 말하자, 그는 몹시 겁이 나서 밤중에 옷을 바꿔 입어 변장을 하고 왜의 진영을 빠져나왔다. 수행인들과

---

9) 조집양국(調戢兩國): 두 나라 사이를 조정하여 전쟁을 그치게 한다는 뜻.

싣고 갔던 짐바리와 사신의 신분을 증명하는 인장과 깃발까지 내버리고 달아났다. 이튿날 아침에 왜가 이종성이 달아난 걸 알고 길을 나누어 뒤쫓아 양산 남쪽에 있는 돌다리에까지 이르렀으나 찾지 못하고 되돌아갔다. 양방형이 홀로 왜의 진영에 남아 왜인들을 무마시키고, 우리나라에 글을 보내어 경솔히 움직이지 말라고 했다. 이종성은 감히 큰길로는 가지 못하고, 산속을 헤매며 며칠 동안 아무것도 먹지 못한 채 빠져나왔다. 그는 경주에 와서 서쪽으로 가 버렸다.

이윽고 심유경과 고니시 유키나가 돌아와, 서생포와 죽도 등지에 주둔해 있던 왜군을 철수시켰다. 아직도 철수하지 않고 있는 것은 단지 부산의 4둔(屯)뿐이었다. 그래서 심유경은 부사 양방형을 데리고 일본으로 또 건너가게 되었는데, 그는 우리 사신도 함께 가자고 요청하며 자기 조카 심무시(沈懋時)를 보내어 출발을 독촉했다. 조정에서는 탐탁잖게 여겼으나 심무시가 기어코 동행하려 하므로 부득이 무신 이봉춘 등을 '수행배신10)'이라는 이름으로 파견하여 그의 요구에 응하기로 했다. 그런데 어떤 이가 무인(武人)이 그곳에 가면 실수와 착오가 많을 우려가 있으니, 문관 중에 사리를 아는 사람을 보내는 것이 옳다고 하여, 그때 심유경의 접반사(接伴使)로 왜의 진영에 가 있던 황신더러 심유경을 수행케 했다.

---

10) 배신(陪臣): '겹친 신하'란 뜻으로 신하의 신하를 말함. 당시 조선은 명나라의 신하 나라이고, 조선 국왕은 명나라 황제의 신하인 셈이었으므로 조선의 신료들은 명나라 황제에게는 '겹친 신하' 곧 배신이 됨.

11 고니시 유키나가와 가토 기요마사 다시 조선으로

명나라 사신 양방형과 심유경이 일본에서 돌아왔다.

양방형 등이 일본에 도착했을 때, 관백 도요토미 히데요시가 명나라 사신을 영접하기 위해 묵을 집을 성대하게 꾸며 두었는데, 마침 하룻밤에 큰 지진이 일어나 집이 거의 다 부서져 버렸다. 그래서 다른 집에서 맞이하고는 두 사신과 한두 차례 만났다.

도요토미 히데요시가 처음에는 책봉을 받을 듯하더니 갑자기 성을 내어 말했다.

"우리가 조선의 왕자를 풀어 주었으니, 왕자를 보내어 사례해야 마땅하다. 그런데 조선 사신의 신분이 낮으니, 이는 우리를 무시하는 것이다."

그래서 황신 등은 왕명을 전달하지도 못하고, 왕방형과 심유경 등을 재촉하여 함께 돌아온 것이다. 일본 측에서는 명나라 조정에 사례하는 예절도 없었다. 적장 고니시 유키나가는 부산포로 돌아오고, 가토 기요마사는 다시 군대를 거느리고 뒤이어 서생포에 와서 주둔하면서 공개적으로 말했다.

"왕자가 와서 사례해야 군대를 거두어 갈 것이다."

도요토미 히데요시가 요구하는 것은 책봉과 조공 정도에 그치지 않고 매우 많았다. 그러나 명나라 조정에서는 책봉만을 허락하고 세공 바치는 것은 허락하지 않았다. 그런데 심유경이 고니시 유키나가와 친숙하여 일을 임시변통(臨時變通)으로 얼버무리려고 하여, 명나라 조정과 우리나라에 있는 그대로 알리지 않았다가 일이 마침내 제대로 되지 않았다.

우리나라에서는 즉시 명나라에 사신을 파견하여 일의 실상을 보고했다. 이리하여 석성과 심유경은 모두 죄를 입게 되고, 명나라의 군대가 다시 나오게 되었다.

12 이순신의 백의종군

수군통제사 이순신을 체포하여 옥에 가두었다.

앞서 원균은 이순신이 와서 자기를 구원해 준 것을 고맙게 여겨 서로 사이가 매우 좋았다. 그러나 얼마 뒤부터 공을 차지하려고 다투어 점차 서로 으르렁거리는 사이가 되어 버렸다.

원균은 성질이 음험하고, 많은 인사와 결탁하고 있으면서 이순신을 모함하기에 있는 힘을 다했다. 그는 툭하면 이순신을 헐뜯었다.

"이순신은 당초 전투에 참가하고 싶어서 온 것이 아니라, 내가 두 번 세번 간곡히 청하여 왔으니 왜적을 이긴 데는 나의 공이 가장 컸다."

당시 조정에서는 의논이 갈라져 있어 두 편이 서로 다른 주장을 하고 있었다. 당초에 이순신을 추천한 것은 나였기 때문에, 나를 좋아하지 않는 사람들은 원균과 합세하여 이순신을 거세게 공격하고 나섰다. 오직 우의정 이원익만이 사리가 그렇지 않음을 밝히고, 이렇게 말했다.

"이순신과 원균은 각자 맡아 지키는 구역이 따로 있었으니, 이순신이 당초에 즉시 출동하지 않았던 것은 그리 잘못된 일이 아니다."

이에 앞서 왜적의 장수 고니시 유키나가는 사졸 요시라(要時羅)를 경상우도 병사(慶尙右道兵使) 김응서의 진중에 드나들게 하며 은근히

호의를 보여 왔다. 가토 기요마사가 재차 침략해 나오려 할 즈음에 요시라가 와서 김응서에게 은밀히 말했다.

"우리 장수 고니시 유키나가께서 '지금 이 강화 문제가 해결되지 않고 있는 것은 가토 기요마사 때문이라 나도 몹시 그를 미워하고 있다. 모일에 가토 기요마사가 틀림없이 바다를 건너올 것이다. 조선은 해전을 잘하니, 만일 그를 바다에서 공격한다면 승리할 수 있을 것'이라고 했습니다. 부디 이 기회를 놓치지 마십시오."

김응서는 이 사실을 조정에 보고했다. 조정에서는 그 말을 곧이곧대로 믿었다. 특히 해평군(海平君) 윤근수는 좋아 날뛰며 기회를 놓쳐서는 안 된다고 하여 거듭 아뢰고, 연달아 이순신에게 출동하도록 재촉했다. 이순신은 왜적이 속임수를 쓰는 것이리라 의심하고 여러 날을 머뭇거리며 움직이지 않았다.

이러는 중에 요시라가 또 왔다.

"가토 기요마사가 벌써 상륙했습니다. 조선은 왜 공격하지 않았습니까?"

그는 이렇게 말하고 거짓으로 몹시 안타까워하는 시늉을 지었다.

이 일이 보고되자 조정의 여론은 모두 이순신을 허물하는 쪽으로 기울어졌다. 대간(臺諫)에서는 이순신을 잡아다 엄중히 문책할 것을 요청했다. 여기에 현감을 지낸 적이 있는 현풍 사람 박성이란 자가 또한 여론에 영합하여 상소하여, 이순신을 참형에 처해야 한다고 극단적인 주장을 했다. 이리하여 드디어 의금부 도사(義禁府都事)를 보내어 이순신을 잡아 오고, 원균을 대신 수군통제사에 임명했다.

임금께서는 그래도 소문이 다 진실은 아닐 것이라 의심하고, 특별히 성균관 사성(成均館司成) 남이신을 파견하여 한산도에 내려가 사실을 몰래 살펴오게 했다. 남이신이 전라도에 들어서자 수많은 백성과 군사들이 길을 막고 이순신의 억울함을 호소했다. 그러나 남이신은 사실대로 보고하지 않고 둘러 아뢰었다.

"가토 기요마사가 이 섬에서 7일 동안 머무르고 있어서 아군이 가기만 했으면 사로잡아 올 수 있었는데, 이순신이 머뭇거려 기회를 놓치고 말았습니다."

이라하여 이순신을 잡아다 옥에 가두고 대신들에게 그의 죄를 논하게 했다. 오직 판중추부사(判中樞府事) 정탁만이 이순신을 두둔했다.

"이순신은 뛰어난 장수이니 죽여서는 안 됩니다. 군사 작전의 잘잘못과 성과는 멀리서 헤아리기가 어려운 것입니다. 그가 출동하지 않았던 것도 반드시 생각하는 바가 있어서 그랬을 것입니다. 너그럽게 용서하시어 이 뒤로 공을 이루도록 하십시오."

이리하여 한 차례 고문을 하고, 사형을 감하여 관직을 빼앗고 사졸로 군대에 편입시켰다.

그때 이순신의 어머니는 아산에 있었는데, 이순신이 옥에 갇혔다는 소식을 듣고 충격과 근심 끝에 죽었다. 이순신은 옥에서 전선으로 가는 길에 아산을 지나게 되어 겨우 성복[1]만 하고는 즉시 권율의 부대로 가서 종군했다. 사람들이 이를 듣고 슬퍼했다.

---

1) 성복(成服): 상례의 한 절차로, 초상이 나서 사흘이나 닷새 뒤에 처음으로 상복을 입는 일.

13 명나라의 재출병

명나라 조정에서 병부상서(兵部尙書) 형개(邢玠)를 총독군문(總督軍門)에 임명하고, 요동포정사(遼東布政使) 양호(楊鎬)를 경리조선군무(經理朝鮮軍務)에 임명하고, 마귀(麻貴)를 대장(大將)에 임명했다. 그리고 양원(楊元)·유정(劉綎)·동일원(董一元) 등의 장수들이 잇달아 나왔다.

1597년 정유년 5월에 양원이 3천 군사를 거느리고 먼저 도착하여, 서울에 며칠 동안 머물다가 전라도로 내려가 남원에 주둔하여 지켰다. 남원은 호남과 영남의 요충에 자리하며 성이 자못 견고하고 완전한 데다, 지난날 낙상지가 증축하여 지킬 만하게 해 두었기 때문이다.

성 밖에는 교룡산성이 있어, 여러 사람이 산성을 지키자고 했으나 양원은 본성(本城)을 지켜야 한다고 했다. 그러고는 성첩을 새로 쌓고 호를 더 깊이 파고, 호 안에 다시 양마장1)을 설치했는데, 밤낮으로 공사를 감시하며 독촉하여 한 달 남짓 걸려서 대충 완성했다.

---

1) 양마장(羊馬場): 성 밖 10보 지점의 호 안에 다시 두께 6척, 높이 5척의 작은 성을 쌓고, 그 위에 여장을 세운 시설을 말함.

14 원균의 대패와 종말

8월 7일, 한산도의 수군이 무참히 패배하고 통제사 원균과 전라 우수사 이억기가 죽고, 경상 우수사 배설은 도주하여 죽음을 면했다.

앞서 원균이 통제사가 되어 한산도에 부임해 와서는 이순신이 시행해 오던 규정들을 다 바꾸고, 부하 장수들과 사졸 중에서 조금이라도 이순신이 신임했던 사람들은 모두 배척했다. 이영남이 예전의 패전 상황을 자세히 알고 있다고 해서 특히 그를 미워했다. 군중에서는 원균에 대한 원망과 분노가 컸다.

이순신은 한산도에 있을 때 당(堂)을 지어 '운주당(運籌堂)'이라 부르고, 밤낮으로 그곳에 거처하면서 여러 부하 장수와 함께 전투·전쟁에 관해 논의했다. 아무리 말단 사졸이라 하더라도 군대 내의 일에 대해 하고 싶은 말이 있는 사람은 직접 와서 말하도록 허락하여 부대 내에서 자유롭게 생각을 주고받을 수 있게 했다. 전투를 앞두고는 항상 부하 장수들을 모두 모아서 계책을 묻고, 작전 계획이 정해진 뒤 전투에 나섰기 때문에 패배하는 일이 없었다.

그런데 원균은 그의 애첩을 데려다가 운주당에서 살면서, 당 둘레에 이중의 울타리를 치고 막아 버려서 부하 장수들이 그의 얼굴조차 보기가 힘들었다. 게다가 그는 술에 빠져서 매일같이 술주정을 일삼았으며, 형벌에 절도가 없었다. 군중에서는 몰래 수군거리고들 있었다.

"만일 적을 만난다면 그저 달아나는 수밖에 없지."

장수들도 자기들끼리 비웃을 뿐, 일을 보고하거나 복종하지 않았다. 이리하여 그의 명령과 지휘가 먹혀들지 않았다.

그때 왜적이 다시 침략해 왔다. 고니시 유키나가 다시 요시라를 김응서에게 보내어 거짓 정보를 알려 주었다.

"왜군의 배가 모일(某日)에 수를 늘려 올 것인데, 조선의 수군이 이를 요격하면 좋을 것이다."

도원수 권율은 특히 그 말을 믿은 데다, 이순신이 왜적을 두고서 머뭇거렸다는 이유로 이미 죄를 얻고 있었기 때문에 날마다 원균에게 진격하라고 독촉했다. 원균 자신도 항상 "왜적을 보고도 진격하지 않았다"고 이순신을 모함하고 자기가 통제사가 된 터라 이때에 비록 그 형세가 불리할 줄을 알면서도 함선을 모두 이끌고 나가 싸울 수밖에 없었다.

해안에 있던 왜군 진영에서는 원균이 함선을 이끌고 가는 것을 내려다보고 각 진영에 소식을 전달했다.

원균이 이끄는 배의 무리가 절영도에 이르렀을 때 바람이 불면서 물결이 거세졌다. 날은 벌써 어두워지는데, 어디에도 배를 댈 곳이 없었다. 그때 왜선들이 바다에 모습을 드러냈다. 원균은 함선들에게 전진하라고 독려했다. 그러나 배에 탄 사람들은 한산도에서부터 종일 노를 저어 오느라 쉬지도 못 했고, 또 허기와 목마름에 지쳐 있어 배를 제대로 움직이지도 못 했다. 함선들은 우왕좌왕 어지럽게 노를 저으며 잠깐 앞으로 나가는가 싶다가는 이내 뒤로 밀리곤 하여 지리멸렬 상태였다. 왜군은 아군을 지치게 만들려고 우리 배에 접근했다가는 곧 피해서 내빼는 체 물러가곤 할 뿐 맞붙어 싸우려 하지 않았다. 밤이 깊자 바람과 파도가 더욱 거세어져 우리 함선들은 사방으로 흩어져 떠돌며 가는 방향조차 가늠하지 못 했다.

원균은 간신히 나머지 배들을 수습하여 가덕도로 돌아왔다. 군사들은 몹시 목이 말랐던 터라 다투어 배에서 내려 물을 마셨다. 이때 섬 안에서 왜병들이 뛰쳐나와 덮쳤다. 그래서 장졸 4백여 명이 사살당하고 말았다.

원균은 다시 함선들을 이끌고 퇴각하여 거제의 칠천도에 이르렀다. 권율이 이때 고성에 있었는데 원균이 출동한 뒤 실패만 하고 아무 소득이 없다고 해서 격서[1]로 원균을 불러 곤장을 치고 다시 진격하라고 독촉했다.

원균은 부대로 돌아와서는 분하고 억울하여 술을 마시고 취해서 드러누워 있었다. 부하 장수들이 그를 만나 대책을 의논하려고 했으나 만날 수가 없었다. 한밤중에 왜선이 습격해 왔다. 아군은 크게 궤멸되고 원균은 해변으로 도주하여 배를 버리고 해안에 올랐다.

---

1) 격서(檄書): 격문(檄文)을 적은 글.

다시 내빼려 했으나 비대한 몸이 둔하여 재빠르게 내빼지도 못하고 소나무 아래 퍼질러 앉았고, 측근들은 모두 흩어져 달아나 버렸다. 어떤 이는 그가 왜적에게 살해되었다고도 하고, 또 어떤 이는 도주하여 죽음을 면했다고도 하나 끝내 실상을 알 수 없다.

이억기는 배 위에서 물에 뛰어들어 결국 죽었다.

배설은 앞서부터 원균이 틀림없이 패할 것을 짐작하고 여러 차례 원균에게 충고했다. 이날도 그는 원균에게 말했다.

"칠천도는 바닷물이 얕고, 또 물목이 좁아서 배를 움직이기에 불리합니다. 진을 다른 곳으로 옮기는 게 좋겠습니다."

그러나 원균은 듣지 않았다. 배설은 자기가 거느린 함선들과 가만히 약속을 하고서, 경계를 펴면서 왜적의 공격에 대비하고 있었다. 그러다가 적선이 쳐들어오는 걸 보고는 항구를 빠져나와 먼저 달아났다. 그래서 그의 군사만은 온전하게 살아남았다.

배설은 한산도에 돌아와서 불을 놓아 건물과 양곡, 군기들을 태워버리고, 섬에 남아 있던 백성들을 옮겨 적을 피해 떠나게 해주었다.

한산도가 패하자 왜적은 승리한 기세를 타고 서쪽으로 진격하여, 남해·순천을 차례로 함락시켰다. 왜적 해군은 섬진강 하류의 두치진[2]에서 육지에 올라 계속 진격했다. 왜적이 마침내 남원을 포위하자 호남·호서 지방이 들썩거렸다.

---

2) 두치진(豆恥津): 섬진강 하류 하동(河東) 서쪽 5리 지점에 있던 진(津).

왜적은 임진년에 처음 우리나라를 침범한 이래 우리 수군에게는 줄곧 패배만 당해 왔다. 도요토미 히데요시가 이를 분하게 여겨 고니시 유키나가에게 책임지고 우리 수군을 기어이 깨뜨리라고 했다. 그래서 고니시 유키나가는 거짓으로 김응서에게 극진한 성의를 베푸는 체해서 이순신이 죄를 얻게 하고, 원균을 유인하여 바다로 끌어내어 우리 수군의 실상을 낱낱이 파악하고 나서 습격을 감행했던 것이다. 그 계략이 아주 교묘해서 우리 측이 완전히 떨어지고 말았다. 참으로 안타까운 일이다.

15 황석산성의 함락

안의 서북쪽 황석산성이 왜군에게 함락되고 안음 현감 곽준과 전 함양 군수 조종도가 전사했다.

이에 앞서서 체찰사 이원익과 원수 권율은 경상도의 산성들을 수리하여 적을 방어하기로 하고, 공산1) · 금오2) · 용기3) · 부산4) 등의 산성을 수리했다. 공산성과 금오산성을 수리하는 데에 특히 많은 백성을 동원했으며, 이웃 고을의 기계와 양곡까지 죄다 그곳으로 거둬들였다. 그러고는 수령을 독촉하여 남녀노소 할 것 없이 모두 이끌고 성안에 들어가 지키도록 했다. 이 일로 하여 주변의 인심이 떠들썩했다.

그런데 정작 왜적이 다시 침범해 왔을 때는 전혀 엉뚱하게 대처했다. 가토 기요마사가 서생포에서 서쪽으로 길을 잡아 전라도로 진격하고, 수로로 오는 고니시 유키나가의 부대와 연합하여 남원을 공격할 계획이었다. 그러자 원수 이하 지휘관들은 모두 소문만 듣고 피해 가면서 각 산성에 들어와 지키고 있는 사람들에게 지시를

---

1) 공산(公山): 대구 팔공산.
2) 금오(金烏): 구미 금오산.
3) 용기(龍紀): 어디인지 알 수 없음.
4) 부산(富山): 경주 근처의 부산성.

징비록 2

내려 각기 흩어져 적병을 피하라고 했다. 의병장 곽재우만이 창녕의 화왕산성에 들어가 죽음을 각오하고 지키기로 했다. 왜적이 산 밑에까지 이르렀다. 그런데 산세가 가파를뿐만 아니라, 성안에 있는 사람들이 침착하게 움직이며 동요하지 않는 걸 보고는 공격해 보지도 않고 가 버렸다.

안음 현감 곽준은 황석산성에 들어갔다. 전 김해 부사 백사림도 이 성에 들어갔다. 백사림은 무인이었으므로 성안 사람들은 정신적으로 그에게 크게 의지했다. 그런데 적병이 성을 공격해 온 지 하루 만에 백사림이 제일 먼저 달아나고, 아군은 결국 궤멸되고 말았다.

적병이 산성에 들어오자, 곽준은 그의 아들 이상·이후와 함께 전사했다. 곽준의 딸은 유문호에게 시집갔는데, 유문호마저 왜적에게 포로가 되었다. 그러자 앞서 산성을 빠져나왔던 곽씨는 여종에게 말했다.

"아버님이 돌아가셨는데도 내가 죽지 않고 있었던 것은 남편이 살아 있었기 때문이다. 그런데 이제 남편마저 적에게 잡혔으니 내가 살아서 무엇하겠는가?"

그러고는 목을 매어 자살해 버렸다.

조종도는 미리부터 단단히 각오하고 있었다.

"내 일찍이 벼슬살이를 했던 사람인데 난을 피해 도망쳐 간 무리들처럼 이름 없이 죽을 수는 없다. 죽으려면 마땅히 뚜렷한 흔적을 남기고 죽어야 하리라."

이렇게 말하고는 처자를 이끌고 산성으로 들어갔는데, 성이 함락될 때 시 한 수를 남기고는 마침내 곽준과 함께 왜적에게 살해되었다.

임금님 계신 땅에 사는 것도 기쁘지만
절개를 위해 죽기로 각오한 성안에서 죽는 것도 영광이라네

16 이순신, 다시 수군통제사로

다시 이순신을 기용하여 삼도 수군통제사(水軍統制使)에 임명했다.

한산도에서 패전했다는 보고가 들어오자 조정 안팎이 떠들썩했다. 임금께서는 비변사의 신료들에게 대책을 물었다. 신하들은 당혹하여 뭐라고 대답해야 할지를 몰랐다.

경림군(慶林君) 김명원과 병조 판서 이항복이 조용히 아뢰었다.

"이것은 원균의 잘못입니다. 이순신을 기용하여 다시 통제사에 임명하는 도리밖에 없습니다."

임금께서 그대로 하셨다.

그때 이미 권율은 원균이 패배했다는 소식을 듣고서 이순신에게 현지에 가서 나머지 군사를 수습하라고 지시해 놓은 뒤였다.

그때는 왜적이 한창 날뛰던 참이었다. 이순신은 군관 한 사람을 데리고 경상도에서 전라도로 들어가 왜적의 눈을 피해 몸을 숨겨가며 밤낮으로 길을 갔다. 그렇게 온갖 고생을 겪은 끝에 진도에 도착하여 군사를 수습하여 왜적을 방어할 태세를 갖추었다.

17 남원부의 함락

남원부(南原府)가 왜군에게 함락되었다. 명나라 장수 양원(楊元)은 전라도로 달아나고, 병사(兵使) 이복남과 남원 부사 임현, 조방장 김경로, 광양 현감 이춘원, 명나라 장수의 접반사(接伴使) 정기원 등이 모두 전사했다. 우리나라의 군기시 소속 파진군¹⁾ 열두 명도 양원을 따라 남원에 들어갔다가 모두 피살되었다. 오직 김효의라는 사람만이 탈출에 성공하여 나에게 성이 함락된 사정을 자세히 이야기해 주었다.

양원은 남원에 당도하여 성벽을 한 길 정도 더 높이고, 성 밖에 양마장(羊馬墻)을 축조하여 포 구멍을 뚫어 놓고, 성문에는 대포 두서너 좌(座)를 설치했으며, 참호도 한두 길 더 깊게 파 놓았다.

한산도에서 우리 수군이 패하자, 왜적은 수륙 양면으로 전진해 왔다. 사태가 위급하다는 보고가 들어오자 성안은 흉흉해져서 백성들은 뿔뿔이 흩어져 달아나고, 오직 총병이 거느린 요동의 기병 3천 명만이 성에 남아 있었다. 총병은 전라병사 이복남에게 격서를 보내어, 와서 함께 성을 지키자고 했으나 이복남은 머뭇거리고 오지 않았다. 총병이 연달아 정찰병을 보내어 거듭 재촉하자 할수 없이

---

1) 파진군(破陣軍): 적진을 쳐부수는 특수부대인 듯.

오기는 왔으나 그가 거느린 군사라고는 겨우 수백 명뿐이었다. 광양 현감 이춘원, 조방장, 김경로 등도 뒤이어 도착했다.

8월 13일, 왜적의 선봉 백여 명이 성 밑에 와서 조총을 쏘아 대더니 잠시 후 중지하고는 모두 논밭 속으로 흩어져 잠복했다. 그러고는 삼삼오오 무리를 지어 성 밑으로 접근했다가 물러갔다고 했다. 성벽 위에 있는 군사들은 승자소포(勝字小砲)로 응사했다. 왜적의 대부대는 먼 거리에 있으면서 유격병을 내보내어 교전하게 했다. 적병이 듬성듬성 간격을 벌린 대열로 번갈아 출현했기 때문에 포를 쏘아도 맞지 않았다. 반면에 성을 지키는 우리 군사들은 여기저기서 적의 탄환에 맞아 쓰러졌다.

얼마 후 왜병이 성 밑에 와서 성 위에 있는 우리 군사를 소리쳐 불러 이야기를 나누자고 했다. 총병이 통역자를 딸려 자기 하인 한 사람을 왜적 진영에 보냈더니, 왜적의 편지를 가지고 왔는데 바로 결전하자는 내용이었다.

14일에 왜적이 성을 삼면에서 포위하고 진을 치더니 전날과 같이 총포로 번갈아 공격해 왔다.

성의 남문밖에는 민가가 빽빽이 늘어서 있었는데 왜적이 올 무렵에 총병이 미리 불태워 버리게 했다. 그러나 돌담과 흙벽은 그대로 남아 있었다. 왜적이 그 불타고 남은 담과 벽 사이에 몸을 숨기고 총을 쏘는 바람에 성 위의 우리 군사들이 많이 맞았다.

15일, 왜적들이 성 밖의 잡초와 논에 있는 벼를 베어다가 큼직한 묶음을 많이도 만들어서 담과 벽 사이에 쌓는 걸 보았다. 그러나 성 안 사람들은 그 까닭을 알지 못 했다.

그때 명나라 유격장군 진우충(陳愚衷)이 군사 3천 명을 거느리고 전주에 있었다. 남원에서는 와서 도와주기를 이제나 저제나 학수고대하고 있었으나 그는 오래도록 오지 않았다. 군사들은 더욱 두려움에 휩싸였다. 이날 저물녘에 성첩을 지키던 군사들이 이따금 머리를 맞대고 귓속말을 주고받고 말안장을 준비하는 등 달아나려는 기색이 있었다.

그날 밤 일경[2]에 왜적 진영에서 떠들썩한 소리가 나며 무슨 말인지 주고받는 것 같았다. 무언가 물건을 운반하는 기색이었다. 그러는 한편으로는 모든 포를 성을 향해 걸어 놓고 어지러이 쏘아 대었다. 성 위에는 우박 내리듯 탄환이 날아와 쏟아져 군사들은 목을 움츠리고 감히 성 밖을 엿보지도 못 했다. 한두 시간 지난 뒤, 떠들썩한 소리가 그쳤을 때에는 묶어 둔 풀단이 참호를 메우고 있었고, 양마장 안팎에는 성벽 높이까지 풀단이 쌓여 있었다. 왜병들이 그 풀더미를 밟고 성벽을 기어 올라왔다. 성안은 크게 혼란에 빠지고 왜군이 벌써 성으로 들어왔다고 야단을 피웠다.

김효의는 처음에 남문 밖 양마장을 지키고 있다가 허둥지둥 성안으로 들어왔다. 그때 이미 성 위에는 아무도 없었고, 다만 성안 곳

---

2) 일경(一更): 하룻밤을 다섯으로 나눈 맨 첫째의 부분. 저녁 7시에서 9시 사이. 초경(初更).

곳에서 불길이 오르고 있는 광경만 보였다. 북문으로 달려가니 명나라 군사들이 말을 타고 성문을 빠져나가려고 몰려들어 있었다. 성문은 굳게 닫혀 쉽사리 열리지 않았는데, 몰려든 기마의 다리들이 묶어 세운 듯 길을 메우고 있었다. 이윽고 성문이 열리자 말들이 다투어 성문을 뛰쳐나갔다. 그러나 성 밖에도 왜병들이 기다리고 있었다. 그들은 두 겹, 세 겹으로 성을 포위하고 각각 중요한 지점을 지키다가 나오는 족족 장검을 휘둘러 마구 내려찍으니 명나라 군사들은 머리를 수그리고 칼을 받는 꼴이 되었다. 때마침 달까지 밝아서 탈출에 성공한 자는 몇 사람 되지 않았다.

총병은 자기 하인 몇 사람과 함께 말을 달려 뛰쳐나가 겨우 죽음은 면하였다. 왜병이 총병을 알아보고 일부러 달아나게 내버려 두었다고 하는 말도 있었다.

김효의는 같이 갔던 한 사람과 함께 성문을 나왔는데, 그 사람은 왜적에게 발각되어 죽고, 김효의는 논으로 뛰어 들어가 풀숲에 엎드려 있다가 왜적이 군사를 거두어 가기를 기다려서야 내빼 왔다고 한다.

양원은 요동의 장수로, 북쪽 오랑캐를 방어하는 법만 알 뿐, 왜적을 방어하는 법은 알지 못하여 결국 패전하게 된 것이다. 또한 이 전투를 통해 평지에 있는 성은 지키기가 얼마나 어려운지도 알 수 있었다. 김효의가 전하는 말을 자세히 기록하여 이후 성을 지키는 사람들이 참고할 수 있게 하는 바이다.

남원이 함락되자 전주 이북 지역은 걷잡을 수 없이 무너졌다.

뒤에 양원은 끝내 패전의 책임으로 사형을 받아 머리가 조리돌렸다.

18 이순신, 벽파정 아래에서의 승첩

통제사 이순신이 진도 벽파정 아래에서 왜적을 격파하고, 왜의 장수 마다시[1]를 죽였다.

이순신이 진도에 도착하여 병선을 점검해 보니 10여 척 정도가 남아 있었다. 그때 해안 지방에서는 많은 주민이 배를 타고 피난해 있었는데, 이순신이 왔다는 소식을 듣고는 하나같이 기뻐했다. 이순신이 여러 방면으로 사람을 보내어 그들을 불러 모으니, 여기저기서 사람들이 구름처럼 모여들었다. 이순신은 그들을 군선의 후방에 배치하여 군사들의 사기를 돕게 하였다.

적장 마다시는 수전을 잘하기로 소문이 난 장수다. 그는 함선 2백여 척을 거느리고 서해를 침범하려고 가다가 아군과 벽파정 아래에서 맞닥뜨렸다.

이순신이 12척의 배에 대포를 싣고 조수의 흐름을 타고 공격하자 왜적은 패배하며 달아났다. 이리하여 아군의 사기가 크게 올랐다.

이순신에게는 군사 8천여 명이 있었다. 이순신은 그들을 이끌고 고금도로 진주했는데 군량미가 부족한 게 걱정이었다. 이를 해결하기 위해 해로통행첩(海路通行帖)을 만들었다.

---

1) 마다시: 마다(馬多).

"경상·전라·충청 세 도의 바다를 통행하는 선박 중에 통행첩이 없는 배는 공사를 가리지 않고 모두 간첩선으로 인정하여 통행을 허락하지 않겠다."

이렇게 명령을 내리자 피난 선박이 모두 와서 통행첩을 받아 갔다 이순신은 배의 크기에 따라 등급을 매겨 쌀을 바치게 했는데, 큰 배는 석 섬, 중간 배는 두 섬, 작은 배는 한 섬으로 정했다. 피난 선박들은 당초 재물과 곡식을 모두 싣고 바다에 들어왔기 때문에 그 정도의 쌀을 바치는 것은 어려운 일이 아니었고, 그들로서는 통행을 금지하지 않는 것이 오히려 다행이었다. 이리하여 열흘 남짓 걸려서 군량 1만여 석을 확보하게 되었다.

이순신은 또 백성들을 모집하고, 구리와 쇠를 실어다 대포를 만들고, 나무를 베어다가 배를 만들어 하나하나 준비를 갖추었다.

그러자 여기저기 흩어져 피난했던 백성들이 모두 이순신에게 가의지하게 되었다. 백성들은 임시로 집을 얽어 만들고 판매로 생계를 영위하게 되니, 섬 안에 이루 다 수용할 수 없을 정도였다.

얼마 뒤 명나라 수병 도독(水兵都督) 진린(陳璘)이 나와서 고금도로 내려와 이순신과 합병하게 되었다. 진린은 성질이 사나워서 남과 대립하는 일이 잦았으므로 그를 두려워하는 사람이 많았다.

19 진린을 감복시킨 이순신의 정성

임금께서 고금도로 내려가는 진린(陳璘)을 청파에서 전송했다.

진린의 군사들은 수령들을 거리낌 없이 때리며 욕을 보이고, 찰방 이상규의 목을 새끼로 매어 질질 끌어서 얼굴이 피투성이가 되었다. 내가 그 광경을 보고, 통역관을 시켜서 풀어 주라고 권했으나 듣지 않았다.

나는 옆에 있던 신료들에게 말했다.

"아뿔싸! 이순신의 군대가 또 패하게 되었소. 진린과 같은 군중에 있게 되면 그에게 견제를 받고 서로 뜻이 맞지 않을 것이고, 진린은 반드시 지휘권을 침탈하고 군사들에게 횡포를 부릴 것이오. 그의 뜻을 거역하면 부아를 돋울 것이고, 순종하자면 한이 없을 것이니, 군대가 무슨 수로 패하지 않을 수 있겠소."

다른 사람들도 모두 그렇겠다고 하고, 다 같이 한탄해 마지 않았다.

이순신은 진린이 곧 도착할 것이라는 소식을 듣고, 군사들을 시켜서 대대적으로 사냥을 하고 고기를 잡게 했다. 그래서 멧돼지와 해산물 등을 푸짐하게 마련하여 성대하게 주연을 준비하여 기다리고 있었다.

진린의 배들이 들어오자, 이순신은 예의를 갖추어 멀리까지 나가 그를 맞이했다. 군영에 도착해서는 진린의 군사들에게 성대한 잔치를 베풀어 주었다. 그리하여 장수들은 물론이고 사졸들까지 모두가 흠뻑 취하도록 먹고 마셨다. 사졸들은 이순신은 과연 훌륭한 장수라고 서로 주고받았고, 진린 역시 기분이 좋았다.

오래지 않아 적선이 인근 섬을 공격해 왔다. 이순신은 자신의 군대를 파견하여 격파하고, 왜적의 머리 40급을 베어와 모두 진린에게 주어 그의 공으로 돌리게 하니, 진린은 기대했던 것보다 훨씬 더 기뻐했다.

이때부터 진린은 모든 일을 이순신과 의논하여 처리하고, 어디에 갈 일이 있을 때에도 꼭 이순신과 가마를 나란히 하며 감히 앞서지를 않았다.

이순신은 마침내 진린과 약속하고, 명나라 군사와 자기 군사를 가리지 않고 백성들에게서 한 실오라기 같은 물건이라도 빼앗는 자가 있으면 모두 잡아다 벌을 주기로 했다. 이렇게 되자 감히 영을 어기는 자가 없어져 섬 안이 말끔해졌다.

진린은 이순신에게 진심으로 감복하여 임금께 이런 글을 올렸다.

이 통제사는 천하를 경영할 만한 재능과 위험에 빠진 나라를 구한 큰 공로가 있습니다.

20 왜적의 북상과 퇴각

적병이 물러갔다.

왜적은 경상·전라·충청 3도를 짓밟으며, 가옥을 불태우고 백성을 마구 죽였다. 그들은 우리나라 사람을 붙잡기만 하면 코를 베어 위력을 과시했다. 적병이 직산까지 이르자, 서울 사람들은 모두 달아났다. 9월 9일에는 중전께서 난을 피해 서쪽 지방으로 내려갔다. 경리(經理) 양호(楊鎬)와 제독(提督) 마귀(麻貴)가 서울에 주둔해 있으면서, 평안도 군사 5천여 명과 황해·경기도 군사 수천 명을 징집해서 한강 여울목을 나누어 지키게 하고 창고들을 경비하게 했다. 적은 경기도 경계에서 도로 물러갔다.

가토 기요마사는 다시 울산에 주둔하고, 고니시 유키나가는 순천에, 시마즈 요시히로[1]는 사천에 각각 주둔하여 7, 8백 리나 뻗쳐 있었다.

서울을 지키지 못할 것 같은 판국이 되자, 조정 신료들은 다투어 임금이 피난해야 한다고 주장했다. 지사(知事) 신잡은 이렇게 아뢰었다.

---

1) 시마즈 요시히로: 심안돈오(沈安頓吾). 흔히 한자 이름 '도진의홍(島津義弘)'이나 '심안돈(沈安頓)'이라 기록되어 있는데, 일종의 존칭인 '도노(殿)'를 성에 붙인 '시마즈 도노(島津殿)'를 음차한 것이라고 한다.

"상감께서 영변으로 거둥하셔야 합니다. 신(臣)은 평안도 병사를 지낸 적이 있어 영변의 사정을 자세히 알고 있습니다. 그곳에서 가장 걱정스러운 일은 바로 장(醬)이 없다는 것입니다. 만일 미리 마련하지 않는다면 어떻게 필요할 때 쓸 수 있겠습니까?"

이 말을 듣고 사람들은 서로 전해 가며 "신일에는 장을 담그지 않는다"[2]고 비웃었다

한 대신이 조정에서 말했다.

"이번의 적군은 그리 걱정할 것 없습니다. 시일이 오래되면 저절로 수그러지기 마련이니 상감을 편안한 곳으로 모시기만 하면 될 것입니다."

원수 권율이 서울로 달려왔다. 임금께서 불러 보시고 전세를 묻자 권율은 이렇게 대답했다.

"당초에 상감께서 서둘러 서울로 돌아오시지 말아야 했습니다. 서북 지방에 머물러 계시면서 왜적의 동태를 살폈어야 할 일입니다."

얼마 뒤 왜적이 물러갔다는 소식을 듣고 권율은 그제야 다시 경상도로 내려갔다. 대간에서는, 권율이 지략이 없고 겁이 많아 원수의 직책을 맡겨둘 수 없다고 꾸짖었으나 임금께서는 받아들이지 않았다.

---

2) 신일에는 장을 담그지 않는다: 일진이 '辛(신)'인 날은 장을 담그지 않는다는 민간 풍습이 있었는데 '신잡'의 '申(신)'이 '辛(신)'과 음이 같음을 이용하여 풍자한 것이다.

21 울산 왜성에서의 대치

12월에 경리 양호와 제독 마귀가 기병과 보병 수만 명을 거느리고 경상도로 내려가 울산에 있는 적을 공격했다

적장 가토 기요마사는 울산군 동해 해변의 아주 험난한 곳에다 성을 쌓아 주둔하고 있었다.

양 경리와 마 제독은 왜적이 방심하고 있는 틈을 타 습격했다. 철갑으로 무장한 기병대가 돌격하니 왜적은 힘이 부쳐 버티지 못 했다. 명나라 군사가 적진영의 바깥 책(柵)을 점거하자 왜적은 내성(內城)으로 쫓겨 들어갔다. 그런데 명나라 군사는 왜적이 버리고 간 물건을 노획하기에 정신이 팔려 즉시 몰아 공격해 들어가지 않았다. 이 사이에 왜적은 성문을 닫고 전열을 가다듬어 굳게 지켰으므로, 이쪽에서 공격했으나 이기지 못 했다.

우리 군사가 성 아래에 흩어져서 진을 치고 성을 포위하여 13일 동안이나 지켰으나 왜적은 나오지 않았다.

29일, 나는 경주에서 그곳으로 가서 양 경리와 마 제독을 만나 보았다.

왜적의 성루를 바라보니 사람 소리 하나 없이 아주 고요했다. 성 위에 성가퀴는 만들지 않았다. 그러나 사방에 장랑(長廊)을 만들고, 수비병은 모두 그 안에 있으면서 아군이 성 밑에 가까이 가기라도

하면 빗발처럼 총탄을 쏘아 대었다. 이런 식으로 날마다 교전을 했고, 성 밑에는 명나라 군사와 우리나라 군사의 시체가 쌓여 갔다.

이러는 중에 성안의 왜적을 구원하기 위해 서생포에서 온 왜적의 배들이 바닷가에 오리 떼처럼 정박해 있었다.

섬 속의 산이라 물이 없어서, 왜적은 매일 밤 성 밖에 나와 물을 길어 갔다. 양 경리는 김응서에게 용감한 병사들을 거느리고 성 밖 샘 옆에 숨어 있게 했다. 그들이 연달아 왜적 백여 명을 사로잡았는데, 모두 굶주리고 파리해져서 겨우 목숨만 부지하고 있는 형색이었다. 장수들은 성안에 양식이 끊어졌을 터이니 장기간 포위하고 있으면 왜적은 저절로 무너질 것이라고 말했다.

그런데 때마침 날씨가 몹시 추운데다가 비까지 음산하게 내려 사졸들은 손발에 동상이 걸렸다. 게다가 얼마 뒤 왜적이 육로로 구원하러 왔다. 이렇게 되자 양 경리는 왜적이 도로 기회를 탈까 우려하여 지레 포위를 풀고 물러나 버렸다.

정월에 명나라 장수는 모두 서울로 돌아와 다시 공격하고 정벌하러 나설 계획을 의논했다.

22 경리 양호의 파면

1598년 무술년 7월, 경리 양호가 파면되고, 만세덕(萬世德)이 새로 경리에 임명되었다.

군문(軍門) 형개(邢玠)의 참모관(參謀官)인 병부 주사(兵部主事) 정응태(丁應泰)가, 양호가 상관을 속이고 일을 그르쳤다며 20여 가지의 죄목을 황제께 아뢰어 마침내 양호가 파면된 것이다.

우리 임금께서는 양호가 역대 경리 중에서 왜적을 토벌하는 데 가장 단단히 마음을 차리고 했다고 여기셨다. 그래서 즉시 좌의정 이원익에게 양호의 무죄를 밝히기 위해 명나라 황제께 바치는 글을 가지고 북경으로 달려가게 했다.

8월, 양호가 본국을 향해 떠났다. 임금께서는 홍제원이 동쪽까지 나가 전송하시고 눈물을 흘리며 작별했다. 만세덕은 곧 나오기로 되어 있었으나 이때까지 도착은 하지 않았다.

9월, 형개는 장수들을 다시 배치했다. 마귀는 울산 지구를 맡고, 동일원(董一元)은 사천 지구를 맡고, 유정(劉綎)은 순천 지구를 맡고, 진린은 수로를 맡아서 동시에 진공했으나 모두 불리했다. 동일원의 부대는 왜적에게 패배하여 사망자가 매우 많았다.

23 이순신의 전사와 진린의 대성통곡

10월, 제독 유정은 두 차례에 걸쳐 순천의 왜적 진영을 공격했다. 통제사 이순신은 우리 수군을 이끌고 왜적의 구원 부대를 바다에서 대파했다.

이 싸움에서 이순신이 전사했다.

적장 고니시 유키나가는 성을 버리고 달아나고, 부산·울산. 하동 등 바닷가에 진을 치고 있던 왜적들도 모두 저들 땅으로 물러갔다.

당시 고니시 유키나가는 순천의 예교에 성을 축조하고 굳게 지키고 있었다. 유정은 대부대를 이끌고 가서 공격했으나 전세가 불리하여 순천으로 돌아왔다.

얼마 뒤 유 제독은 육로로 다시 진공하고, 이순신은 명나라 장수 진린과 함께 그 지역 어귀를 바싹 졸라 적을 위협했다. 그러자 행장은 사천에 주둔하는 왜적 시마즈 요시히로의 부대에게 구원을 요청했다. 시마즈 요시히로가 수로로 구원하러 오는 것을 이순신이 진격하여 대파시켰다. 적선 2백여 척을 불태우고, 죽이거나 사로잡은 적의 수는 셀 수 없었다. 이순신은 달아나는 왜적을 추격하여 남해 바다까지 갔다. 화살과 탄환이 쏟아지는 가운데서 이순신은 직접 싸움을 지휘하다가 적탄에 맞았다. 탄환은 가슴을 뚫고 등 뒤로 관통했다. 곁에 있던 부하들이 부축하여 장막 안으로 들어갔다.

"싸움이 한창 치열하니 부디 내가 죽었다는 말을 하지 마라."

그리고 나서 이순신은 숨을 거두었다.

이순신의 형의 아들 완은 본래 담력과 기량이 있었다. 그는 숙부 이순신의 전사를 비밀에 부치고, 이순신의 영기(令旗)를 들고 더욱 긴박하게 싸움을 지휘했다. 그래서 군사들은 이순신이 전사한 사실을 전혀 알지 못 했다.

진린이 탄 배가 적에게 포위당했다. 그것을 본 이완이 군사들 지휘해가서 그를 구원해 주었다.

왜적이 물러간 뒤에 진린은 자기를 구원해 준 것에 감사하기 위해 사람을 보냈다가 비로소 이순신이 전사했다는 걸 알게 되었다. 소식을 듣고 그는 의자에 앉았다가 땅바닥으로 몸을 던지며 울부짖었다.

"나는 노야(老爺)가 살아 있는 몸으로 와서 나를 구해 준 줄 알았더니, 어찌하여 돌아가셨소?"

그는 소리치고 가슴을 치며 대성통곡했다. 군사들도 모두 통곡하여 울음소리가 바다를 진동시켰다.

고니시 유키나가는 우리 수군이 적선을 추격하여 그의 진영을 앞질러 나간 틈을 타서 뒤로 내빼 버렸다.

이에 앞서 7월에 왜국의 우두머리 도요토미 히데요시가 죽었기 때문에 연해의 적군은 모두 물러갔다.

우리나라 군대와 명나라 군대는 이순신이 전사했다는 소식을 듣고, 군영에서 군영으로 통곡이 이어졌다. 그들은 마치 자기의 아버지를 여읜 듯 통곡했다. 이순신의 영구가 이르는 곳마다 백성들은 제사를 드리고, 영구(靈柩)를 실은 수레를 붙잡고서 통곡했다.

"공께서 진실로 우리를 살리셨는데, 이제 공은 우리를 버리고 어디로 가시나이까?"

이렇게 몰려드는 군중으로 길이 막혀 수레가 나아갈 수 없을 정도였으며, 길 가는 행인들도 눈물을 흘리지 않은 이가 없었다.

조정에서는 그에게 의정부 우의정을 추증했다. 군문 형개는 바닷가에 사당을 세워 그의 충혼을 높이 기려야 한다고 제안했으나, 이 일은 끝내 실행되지 못하고 말았다.

그러자 바닷가의 백성들이 저희끼리 뜻을 모아 사당을 세우고 '민충사'라 부르며, 해마다 봄·가을 두 차례씩 제사를 드렸다. 그 사당 아래를 지나다니는 장사치와 고기잡이배도 누구나 할 것 없이 제사를 드린다고 한다.

24 이순신이란 사람

이순신은 자가 여해, 본관은 덕수다.

그의 조상에 이변이라는 이가 있었는데, 판부사[1]까지 지냈고, 강직한 점으로 이름이 났다.

증조부는 이거라는 분으로, 성종 때 벼슬을 했다. 연산군이 동궁이던 시절에 강관(講官)이 되었는데, 엄격하여 연산군이 꺼렸다. 사헌부 장령으로 있을 때에는 기탄없이 탄핵을 했으므로, 백관들이 그를 두려워해서 '호장령(虎掌令)'이라고 불렀다.

조부 이백복은 집안의 공(功)으로 벼슬을 했다.

아버지 이정은 벼슬을 하지 않았다.

이순신은 소년 시절부터 영리하고 활달하여 거리낌이 없었다. 마을에서 아이들과 놀이를 할 적에는 나무로 활과 화살을 만들어 놀았는데, 마음이 맞지 않는 자를 만나면 눈을 쏘려 들었다. 그래서 어른들도 더러 그를 두려워하여 감히 그의 집 문 앞을 지나치지 못했다. 자라서는 활을 잘 쏘아서 무과를 거쳐 벼슬길에 나섰다. 이씨 집안은 대대로 문관으로 벼슬을 했는데, 이순신에 이르러 처음으로 무과에 오르게 되었다.

---

1) 판부사(判府事): 판중추부사(判中福府事)의 약칭. 중추부의 종1품 벼슬.

그가 권지 훈련원 봉사[2])에 보직되었을 때 병조 판서 김귀영이 자기의 서녀(庶女)를 이순신에게 첩으로 주려고 했으나, 이순신은 탐탁지 않게 생각했다. 사람들이 그 까닭을 물으니 이순신은 이렇게 대답했다.

"내가 처음 벼슬길에 나왔는데, 어찌 권세 있는 가문에 기대어 승진의 기회를 잡을까 보냐!"

그때 병조 정랑 서익과 가까운 사람이 훈련원에 있었다. 서익이 차례를 건너뛰어 그 사람을 승진시키려고 하여 이순신에게 알렸다. 그런데 이순신은 훈련원의 실무를 맡은 담당관의 입장에서 그럴 수는 없다고 고집했다. 서익이 이순신을 불러 뜰에 세워 놓고 따지며 나무랐다. 그러나 이순신은 말씨와 얼굴빛을 조금도 흐트리지 않은 채 강직하게 항변하고 흔들리지 않았다. 서익은 몹시 화를 내어 기승을 부리며 다그쳤으나, 이순신은 조용히 응답하고 끝내 조금도 굽히지 않았다. 서익은 본래 기질이 세고 곧잘 남을 깔보는 사람이라 동료들도 그를 꺼려하여 가급적이면 그와 말다툼을 하지 않았다. 그런 터라 이날 하급 관리들은 이 광경을 보고 섬돌 아래에서 서로 돌아보며 혀를 내둘렀다.

"이 사람이 감히 본조의 정랑에게 대항하고 나서니, 앞길은 생각

---

2) 권지훈련원봉사(權知訓練院奉事): 조선 왕조 때 훈련원의 종8품직을 잠시 맡아보는 벼슬. '권지(權知)'는 지금의 '시보(試補)'와 같은 뜻.

지도 않는다는 말인가."

날이 저물어서야 서익은 겸연쩍어하면서 기가 꺾여 이순신을 돌아가게 했다. 생각 있는 사람들은 이 일로 이순신의 사람됨을 더러 알게 되었다.

이순신이 옥에 갇혀 있을 때, 일이 장차 어떻게 될지 아주 험악한 판국이었다. 그때 한 옥리가 이순신의 형의 아들 분(芬)에게 뇌물을 쓰면 죽음을 면할 수 있다고 귀띔해 주었다. 이순신이 이 말을 전해 듣고 노하여 분을 꾸짖었다.

"죽게 되면 죽을 따름이다. 어찌 도리를 어기면서까지 살길을 찾겠는가!"

그의 지조가 이와 같았다.

이순신은 말이 적고 잘 웃지 않는 사람이었다. 생김새는 우아하고 단정하여 마치 근엄한 선비 같으나, 속으로는 담력이 있었다. 자기 몸을 돌보지 않고 나라를 위해 목숨을 바친 것은 바로 평소 그가 수양한 결과인 것이다.

이순신의 형 희신과 요신은 모두 이순신보다 앞서 죽었다. 이순신은 아비 없는 형의 자녀들을 친자식과 같이 보살피며 길렀다. 시집보내고 장가들이는 일에 있어서도 반드시 형의 자녀들을 먼저 챙긴 뒤에 자기 자식을 생각했다.

이순신은 재능은 있었으나 명이 짧아서 그 능력을 백에 하나도 발휘하지 못하고 죽었다. 아아, 애석하다!

25 이순신과 임진왜란

통제사 이순신은 군중에 있을 때에, 밤낮으로 경계를 철저히 하며 갑옷을 벗은 적이 없었다.

견내량에서 적선과 대치하고 있을 때의 일이다.

아군의 모든 함선이 닻을 내린 뒤였다. 그날 밤 달이 매우 밝았다. 이 통제사는 갑옷을 입은 채 전고(戰鼓)를 베고 누웠다가 갑자기 일어나 앉아, 측근을 불러 소주를 가져오게 하여 한 잔을 마셨다. 그러고는 장수들을 모두 불러오게 했다 장수들이 모이자 다음과 같이 지시했다.

"오늘 밤 달이 매우 밝소. 왜적은 간교한 꾀가 많아서 달빛이 없을 때에는 의당 우리를 습격해 오겠지만, 달이 밝을 때에도 역시 달빛을 이용하여 습격해 올 것이오. 그러니 경비를 철저히 하지 않을 수 없소."

그러고는 호령 나팔을 불어 모든 함선에 닻을 올리게 했다. 그리고 척후선에 전령을 보내 한창 깊은 잠에 떨어져 있는 척후병을 깨워서 적의 기습에 대비하도록 했다.

한참 뒤 척후병이 달려와서 적선의 습격을 알렸다. 그 시간, 달은 서산에 걸려 있었다. 산 그림자가 바다에 드리워져 바다 한쪽이 어슴푸레 그늘져있었다. 그늘져 어두운 쪽 바다를 따라 무수한 적선이 아군의 함선에 접근해 오고 있었던 것이다.

그걸 보고 우리 중군에서 대포를 쏘며 함성을 질렀다. 다른 함선들도 모두 일제히 호응했다. 왜적은 아군이 대비하고 있음을 알고는 일제히 조총을 쏘아 대었다. 총소리는 바다에 진동하고 나는 탄환은 비 내리듯 물에 떨어졌다. 그러나 왜적은 마침내 범접하지 못하고 달아나 버렸다.

부하 장수들이 이 통제사를 신(神)이라고 했다.

녹후잡기 그 밖의 이야기들

1 전란의 괴상한 징조

1578년 무인년 가을에 장성1)이 나타나 서쪽 하늘에서 동쪽 하늘로 흰 비단폭을 펼쳐 놓은 듯 뻗쳐 있다가 수개월 만에야 사라진 적이 있었다.

1588년 무자년에는 한강의 물이 사흘 동안이나 붉게 변한 적이 있었다.

1591년 신묘년에도 이상한 일들이 계속 일어났다.

죽산 대평원(大平院) 뒤에 있는 바윗돌이 저절로 일어섰다.

통진현2)에서는 쓰러졌던 버드나무가 다시 일어났다. 이를 보고 민간에서는 서울을 옮길 징조라는 소문이 떠돌기도 했다.

또 동해에서 잡히던 고기가 서해에서 나더니 점차 이동하여 한강에서까지 잡혔다.

해주에는 본래 청어(靑魚)가 났는데, 10여 년 가까이 청어가 전혀 나지 않고 대신 요해(遼海)에서 청어가 났다. 그래서 요동(遼東) 사람들은 청어를 신어(新語)라 불렀다.

---

1) 장성(長星): 혜성의 일종으로 이 별이 나타나면 전쟁이 일어날 징조라고 보았음.
2) 통진현(通津縣): 강화도 맞은편에 있던 현.

또 요동의 팔참(八站) 주민이 하루는 까닭 없이 모두 놀라며 이렇게 수군거렸다.

"조선에서 적구(敵寇)가 몰려오고, 조선 왕자가 십정교자3)를 타고 압록강까지 왔단다."

그래서 노약자들은 산으로 달아나 숨기까지 했는데, 며칠 만에야 진정이 되었다

또, 우리나라 사신이 북경에서 돌아오는 길에 금석산(金石山)의 하씨(河氏) 성을 가진 사람의 집에 묵었는데 그 주인이 이런 말을 퍼뜨렸다.

"조선 역관들이, '당신에게 3년 묵은 술, 5년 묵은 술이 있거든 아끼지 말고 마시고 즐기시오. 오래지 않아 병란이 일어날 텐데, 그때는 당신에게 아무리 술이 있어도 누가 마시겠소?'라고 했다네."

이 말 때문에 요동 사람들은 조선이 중국에 대해 딴생각을 품고 있다고 의심을 하고, 많은 사람이 놀라고 당혹했다고 한다. 사신이 귀국하여 그 일을 보고하자, 조정에서는 역관 중에 필시 거짓말을 꾸며 내어, 말썽을 일으켜 본국을 모함하는 자가 있었을 것으로 판단하고, 역관 두어 사람을 잡아다가 인정전 뜰에서 신문하고, 압슬4)과 단근질까지 했으나 모두 인정하지 않고 죽어 버렸다.

---

3) 십정교자(十亭轎子): 가마의 일종이나, 십정이 규모를 말하는지, 형태를 말하는지는 확실치 않음.
4) 압슬(壓膝): 옛날 죄인을 심문할 때 죄인을 움직이지 못하게 한곳에 묶어 놓고, 무릎 위를

노후잡기 그 밖의 이야기들

이렇게 이상한 일들이 신묘년에 일어났고, 그 이듬해 임진년에 마침내 왜란이 일어났다. 이를 보아 큰 난리가 일어나려 할 즈음에는 사람은 비록 깨닫지 못하지만 각양각색의 조짐이 나타난다는 것을 알 수 있다.

흰 무지개가 해를 꿰뚫는다든가, 태백성이 하늘을 지나간다든가 하는 현상5)은 해마다 있어서, 사람들은 예삿일로 보아 넘겼을 정도였다.

또, 서울 성안에는 항상 연기도 아니고 안개도 아닌 검은 기운이 땅 위에 서리면서 하늘로 퍼져 올라갔는데, 이런 현상이 거의 10여 년이나 계속되었다.

그 밖에 일어났던 변괴는 이루 다 적기가 어려울 정도였다. 하늘이 인간에게 경고해 주는 바가 참으로 깊고 진실했었으나, 사람들이 그것을 자세히 헤아려 깨닫지 못 했을 따름이다.

두보(杜甫)의 작품에 이런 시가 있다.

장안성(長安城) 머리에 머리 흰 까마귀,

밤이면 연추문(延秋門) 위에 날아와 우짖네.

그 까마귀 또 인가(人家)로 날아가,

압슬기로 누르든지 무거운 돌을 올려놓는 형벌.
5) 흰-현상: 이 역시 병란(兵亂)이 일어날 징조로 보았음.

고관의 큰 저택 지붕을 쪼아 대니,

그 지붕 밑 고관은 오랑캐 피해 달아나네.

괴이한 일을 시로 읊은 것이다.

임진년 4월 17일, 왜적이 침범했다는 보고가 서울에 들어오자 조정 안팎이 놀라 허둥댔다. 그런데 느닷없이 괴상하게 생긴 새 한 마리가 나타나 후원에서 울다가, 공중에 떠서 가까이 혹은 멀리 날아다니며 울었다. 새는 한 마리뿐이었으나, 소리는 온 성안에 가득 울려 퍼져 듣지 못한 사람이 없었다. 이 새는 잠시도 쉬지 않고 밤낮으로 울었다. 이렇게 새가 운 지 열흘 남짓 만에 임금께서 난을 피해 서울을 떠나시게 되고, 왜적이 도성에 들어와 궁궐·묘사 그리고 공사의 집이 깡그리 텅 비게 되었으니, 이 역시 매우 괴이한 일이다

또 5월에 내가 임금을 모시고 평양에 당도하여 김내진의 집에 임시로 머물렀는데, 김내진이 내게 이런 이야기를 했다.

"연전에 승냥이가 몇 번이나 성안에 들어왔습니다. 또, 대동강 물이 붉게 변한 적이 있었는데, 동쪽 강변은 물이 아주 탁하게 변하고, 서쪽 강변은 물이 맑더니 지금 과연 이런 변고가 일어났습니다."

당시 왜적은 아직 평양까지 오지 않았으나, 나는 이 말을 듣고 대답 없이 잠자코 있었다. 하지만 마음속으로는 불길한 느낌이 들었다. 그 뒤 오래지 않아 평양이 함락되었다.

노후잡기 그 밖의 이야기들

승냥이는 야생 짐승이라 사람이 많이 사는 도회지에는 들어오지 않는 것이 정상이다. 그런데 승냥이가 성안에 들어왔다는 것은 하늘의 계시임이 분명하다. 이는 『춘추』에 "구욕새가 와서 둥우리를 틀었다"[6]라든가, "여섯 마리 익새가 바람에 밀려 앞으로 날아가지 못하였다"[7]라든가, "겨울에 큰 사슴이 많이 나타났다.'라든가, '가을에 물여우가 나타났다"[8]라고 기록된 현상들처럼 보통 때에는 일어날 수 없는 특이한 일들이다. 큰일이 생기기 전에는 하늘이 인간에게 계시하는 것이 이처럼 뚜렷하고, 성인이 또 그것을 기록하여 후세에 교훈을 남겼는데, 어찌 두려워하지 않겠으며 조심하지 않겠는가.

또 임진년 봄과 여름 사이에 세성이 미와 기의 별자리에 머물렀다[9]. 미와 기의 별자리는 바로 중국의 연나라에 해당되는 자리인

---

6) 구욕새가 와서 둥우리를 틀다 :'춘추(春秋)' 소공 25년의 기록. 구욕새는 본래 북방에서 구멍을 집으로 만들어 사는 새로 제수(濟水) 남쪽에는 나타나지 않는데, 노(魯)나라 땅에 들어와 그것도 구멍이 아니라 둥우리를 틀고 깃든다는 것은 정상이 아니고, 따라서 어떤 재난이 일어날 조짐으로 본 것임.

7) 여섯 마리 ~ 날아가지 못하였다: '춘추(春秋)' 회공 16년의 기록. 여섯 마리 익새가 바람 때문에 뒤로 밀려서 송나라 수도를 지나간 사건으로서 역시 어떤 재난이 일어날 조짐으로 본 것임.

8) 겨울에 큰 ~ 물여우가 나타났다.": 각각 '춘추(春秋)' 장공(莊公) 17년과 18년의 기록. 역시 재난의 조짐으로 본 것임.

9) 세성이 미와 기의 별자리에 머물렀다.: 과거 중국 사람들은 하늘의 별자리를 지상의 지역들에 배당시켰다. 미(尾)와 기(箕)의 별자리는 고대 중국의 연(燕)나라에 해당되고, 우리나라는 연나라와 같은 지역으로 분류되었다 세성은 목성을 말하는데, 이 별이 보이는 것은 그 지역에 경사스러운 일이 있을 징조라고 여겼다. 그러므로 "세성이 미와 기의 별자리에 머물렀다"는 것은 우리나라에 좋은 일이 생길 징조라고 풀이할 수 있다

데, 예부터 우리나라는 연과 같은 지역으로 인식해 왔다. 당시 적병은 서울을 향해 날로 진격해 들어오고, 인심은 뒤숭숭하여 무엇을 어떻게 해야 할지를 모르는 판국이었는데, 하루는 임금께서 말씀하다.

"복을 부르는 좋은 별이 지금 우리나라에 있으니 왜적을 두려워할 것이 없다."

이렇게 말씀하신 것은 대개 별을 핑계로 인심을 진정시키려는 의도에서였다. 그런데 그 뒤에 서울이 비록 함락되기는 했으나 끝내는 회복되고, 임금께서는 서울로 돌아오게 되었다. 적의 추장 풍신수길은 또 그 악독한 성질을 끝까지 한껏 부리지 못한 채 죽어 버렸으니, 이 어찌 우연이겠는가. 모두가 하늘의 뜻이 아닌 것이 없다고 하겠다.

노후잡기 그 밖의 이야기들

2 왜군의 작전 실패

왜적은 매우 간교한 족속이다. 그들의 군사 작전을 보면 모두가 하나같이 요사한 술법에서 나온 것들이다.

그러나 임진년의 일을 두고 본다면 서울을 공략할 때는 교묘했으나, 평양에서는 졸책이었다고 하겠다.

우리나라는 1백 년 이상이나 태평성대를 누려 왔었기 때문에 백성들이 전쟁을 모르고 지내 오다가, 갑자기 적병이 쳐들어왔다는 소식을 듣고는 급해서 넘어지고 자빠지며 모두 넋을 잃고 휩쓸렸다.

왜적은 이 판국을 타고 불과 열흘 남짓 만에 파죽지세로 서울까지 진격해 와서, 우리를 숨돌릴 틈도 없이 몰아붙였다. 그리하여 지혜가 있어도 대책을 강구할 겨를을 주지 않고, 용기가 있어도 결단을 낼 겨를을 주지 않아 인심을 수습할 수 없을 지경으로 붕궤시켜 놓았던 것이다.

이것은 뛰어난 군사 전략이자, 동시에 왜적의 교묘한 계략이었다. 이 때문에 그들이 '서울 공략에는 교묘했다.'고 말한 것이다.

그런데 왜적은 번번이 이긴 위세를 믿고서 뒷일은 제대로 생각지도 않은 채 전국 각 도에 퍼져 횡포를 부렸다. 병력이 분산되면 세력이 약화될 수밖에 없는 법이다. 그런데 그들은 광범한 지역에 병력을 흩어 깔아 놓고 오랜 시일을 끌었으니, 강한 쇠뇌로 쏜 화살도 끝에 가서는 얇디얇은 명주 비단을 뚫지 못하는 이치로 뒷심이 약해질 수밖에 없었다. 송나라의 장수 장숙야[1]가 여진을 평가한 말이 있다.

"여진은 병법을 모른다. 뒤따르는 지원 부대도 없이 적진으로 깊숙이 들어와 제대로 돌아가는 자가 어디에 있겠는가."

당시 왜적의 작전이 이 지적과 아주 비슷한 경우였던 것이다.

명나라 군사 4만이 평양을 공격하여 탈환했고, 평양이 함락되자 각 도에 흩어져 있던 왜적들도 기세를 잃게 되어, 서울을 아직 차지하고 있기는 했어도 대세는 이미 기울어졌다.

게다가 우리 백성들이 사방에서 들고 일어나 곳곳에서 공격을 해대자, 왜적은 서로 연락할 길이 없어져 구원하질 못해 결국엔 달아날 수밖에 없게 되었다. 이 때문에 그들이 "평양에서는 졸책이었다"고 말한 것이다.

아아! 왜적의 전략 실패가 우리에게는 다행이었다. 진실로 우리나라에 뛰어난 장수가 한 사람만 있었어도 군사 수만 명을 거느리고 그때그때 적절한 작전을 써서 긴 뱀의 허리를 자르듯 길게 뻗쳐 있었던 적세의 중간을 차단할 수 있었을 것이다. 그런 작전을 평양

---

1) 장숙야(張叔夜): 송나라 신종·휘종 때의 사람으로, 금나라의 남하에 항거해 싸웠음. 휘종이 포로가 되어 금나라로 갈 때 수행해 가다가 중도에서 죽었음.

노후잡기 그 밖의 이야기들

에서 썼다면 왜적의 우두머리 장수까지도 앉아서 잡아들일 수 있었을 것이고, 서울 이남에서 그렇게 했더라면 왜적은 수레 한 척도 돌아가지 못 했을 것이다. 이렇게 했어야만 왜적은 간담이 서늘해져 수백 년간 감히 우리를 넘볼 엄두를 내지 못해 후환이 없었을 것이다. 그러나 당시 우리의 힘은 쇠약할 대로 쇠약하여 이 일을 감당해 내지 못 했으며, 명나라 장수들은 또 그런 계책을 생각해 낼 줄 몰라서 왜적이 아무렇지도 않게 오고 가며 조금도 두려워하지 않고 온갖 것을 요구하게 만들었다.

이리하여 결국 수준 낮은 방법을 써서 봉공을 허락함으로써 그들을 얽어매어 두려고 했으니, 그 통탄스러움을 어이 다 감당하겠으며, 그 애석함을 어찌 다 감당하랴. 지금 생각해도 주먹을 불끈 쥐게 된다.

3 지형의 장단과 전투의 성패

옛날 조조[1]가 병법에 대해 자기 임금에게 이렇게 말했다.

"군대를 동원하여 전투를 할 때에 꼭 필요한 조건이 세 가지가 있습니다. 첫째, 유리한 지점을 확보할 것, 둘째, 군사들이 잘 훈련되고 기강이 잡혀 있을 것, 셋째, 무기가 예리할 것입니다. 이 세 가지는 군사 작전에서 가장 핵심적인 요소이며 승부를 결정짓는 관건으로, 장수라면 꼭 알아두어야 할 일입니다."

왜놈들은 공격 전에 훈련이 잘 되어 있었고 무기도 예리했다 예전에는 없었던 조총을 가지고 있었는데, 그 사정거리와 명중률은 활의 몇 갑절이나 되었다. 우리가 만약 그들과 툭 트인 평야 지대에서 맞닥뜨려 정상적인 방법으로 싸운다면 대적하기가 극히 어려웠다. 활은 왜적을 쏘아 맞힐 수 있는 거리가 백 걸음 정도밖에 되지 않는데, 조총은 수백 걸음 밖에서도 왜적을 쏘아 맞힐 수 있었다. 또 여러 발을 연달아 쏠 수도 있어서 바람이 우박을 몰아오듯 한꺼번에 탄환을 퍼부어 대니 상대가 되지 않을 건 뻔한 일이다. 그러나 먼저 유리한 지형을 골라, 나무가 빽빽이 우거진 험한 산속에 사수들을 나누어 잠복시켜, 이쪽의 모습이 적의 눈에 띄지 않게 하고서

---

1) 조조(鼂錯): 전한(前漢) 경제(景帝) 때의 정치가.

좌우에서 함께 쏘아대게 한다면 저들이 비록 조총과 창칼을 가졌더라도 그 힘을 발휘할 수가 없어서 대승할 수가 있을 것이다. 이제 한 가지 실례를 들어 이를 증명해 보인다.

임진년에 왜적은 서울에 들어온 뒤 날마다 성 밖에 나가 노략질을 했다. 그리하여 역대 왕들의 무덤인 원릉까지도 보존되지 못 했다.

고양에 사는 진사 이노란 이가 활을 조금 쏠 줄 알고 담력이 있었다. 하루는 동료 두 사람과 함께 각각 활과 화살을 가지고 창릉과 경릉으로 들어갔는데, 갑자기 적의 대부대가 나타나 골짜기를 빽빽이 메웠다. 이노 등은 도리가 없어서 덩굴이 빽빽하게 뒤엉킨 수풀 속으로 도망쳐 들어갔다.

왜적들은 근처를 돌아다니며 수풀 속을 샅샅이 수색했다. 이노 등은 풀 속에 숨어서 적을 보는 족족 활을 쏘았고, 쏘는 족족 거꾸러졌다. 그들은 몸을 숨긴 채 재빨리 장소를 옮겨 다니며 활을 쏘아대니 적들은 더욱 어리둥절해졌다. 이런 뒤로 적들은 수풀만 보면, 비실비실 피해 달아나고 감히 접근하지 못해서, 창릉과 경릉 두 능이 보전될 수 있었다.

이런 예를 보더라도 어떤 지형을 차지하는가에 따라 승패가 달라진다는 것을 알 수 있다

왜적이 서울로 진격해 들어오는 길에 상주에 있을 때에 신립과 이일 등이 만약 이런 계책을 생각해 낼 줄 알아서, 먼저 토천과 조

령의 몇십 리 사이에다 사수 수천 명을 매복시켜 적이 이쪽 병력이 얼마나 되는지 짐작할 수 없도록 했더라면 적을 제압할 수 있었을 것이다. 그런데 그들은 훈련도 제대로 되지 않은 오합지졸을 데리고, 그 천험의 요새를 버리고 평지에서 대치했으니 패배할 수밖에 없었다.

내가 군사 전략에 대해 자세히 말한 바 있으나, 여기에 다시 특별히 기록하여 뒷날 참고가 되게 한다.

4 성 쌓는 법

성(城)이란 사나운 적의 침범을 막아 백성을 보호하기 위한 시설이므로 견고하게 해야 한다.

옛날 사람들이 성 쌓는 법을 말할 때 모두 '치(雉)'라는 말을 썼는데, '천 개의 치', '백 개의 치'라 하는 것이 그것이다. 나는 평소에 책을 많이 읽지 못하여 '치'가 성의 어떤 시설을 뜻하는지 모르고 성가퀴1)가 '치'일 것이라고 생각해 왔다.

그러나 성가퀴가 겨우 천 개 백 개 정도밖에 안 되는 성이라면 지극히 작아서 많은 인원을 수용할 수 없을 텐데 어떻게 할까 의문을 품어 왔다. 왜란이 일어난 뒤에 척계광(戚繼光)의 『기효신서2)』를 입수해 읽고서야 비로소 '치'가 성가퀴가 아니라 지금의 '곡성(曲城)'·'옹성(甕城)'이 '치'라는 것을 알았다. 성에 곡성·옹성이 없

---

1) 성가퀴: 적으로부터 몸을 숨길 수 있도록 성 위에 덧쌓은 담. 성첩(城堞)이라고도 함.
2) 기효신서(紀效新書): 명나라 세종 때의 군사 전략가 척계광이 쓴 병서. 당시 왜구가 해안선을 따라 습지가 많은 중국의 절강 지방 등을 자주 노략질하였으나 북방 유목민족을 소탕하기 위해 편성된 중국의 군제와 무기, 전술로는 왜구를 소탕하기 어려웠다. 이럴 때 절강성 참장으로 있던 척계광이 왜구의 기습적인 침략에 대비하기 위해 새롭게 고안한 전술을 기록한 것이 『기효신서』이다. 임진왜란 때 명나라 군대가 이 책에 실린 전법으로 왜군을 격퇴했다는 소식을 듣고 선조가 책을 구해 전법을 연구하게 했다. 임진왜란이 일어난 다음해인 1593년의 일이었다. 그때부터 『기효신서』의 전술은 우리나라 군대 편제의 근간이 되었고, 우리나라 실정에 맞추어 변화·발전을 거듭하면서 1894년 갑오개혁으로 근대적인 군제가 도입될 때까지 계속되었다.

으면 비록 성가퀴 하나를 한 사람씩이 맡아서 지킨다고 해도, 성가퀴 사이에 방패를 세워 외부로부터 날아오는 돌과 화살은 막을 수 있을지언정, 성벽에 달라붙어 오르는 적은 막을 수가 없게 된다. 『기효신서』에서는 50개의 성가퀴를 하나의 단위로 해서, 매 단위마다 하나의 '치'를 설치하고 그것을 성벽에서 2, 3장 정도 밖으로 튀어나가게 설치한다고 했다. 따라서 '치'와 '치' 사이에는 50개의 성가퀴가 있고, 하나의 '치'가 좌우로 각각 25개씩의 성가퀴를 담당하게 된다. 이 범위 안에서는 화살이 매우 위력적이기도 하려니와, 좌우로 돌아보며 활을 쏘기에도 편리해서 적이 성 밑에 와서 달라붙을 길이 없게 된다.

임진년 가을에 나는 오랫동안 안주에 머물러 있었는데, 평양에 있는 적이 일단 서쪽으로 진격해 내려오는 날에는 행재소의 전방에 한 군데도 이를 막을 설비가 되어 있지 않음이 염려스러웠다. 그래서 역량을 헤아리지도 않고 안주성을 중수하여 방비해 볼 작정을 했다. 중양일[3]에 우연히 청천강 강가에 나가 안주의 성을 돌아보고 조용히 앉아서 깊이 궁리한 끝에 문득 한 계책을 생각해 내었다.

성 밖에다 지세를 이용하며 치제처럼 불쑥 튀어나오게 성을 쌓아서, 가운데에는 사람이 들어가 활동할 수 있도록 공간을 만든다. 그 앞쪽과 양 옆에는 구멍을 뚫어서 그 안에 숨어서 포를 쏠 수 있게

---

3) 중양일(重陽日): 음력 9월 9일.

하고, 위에는 천 걸음 정도의 간격으로 서로 마주보는 누대를 설치한다. 포 속에는 새알 같은 철환 두어 말씩을 간수해 놓고 있다가, 적이 성 밖에 몰려왔을 때 양쪽에서 집중적으로 쏘아 대면, 사람이나 말은 말할 것도 없고 쇳덩이 돌덩이라도 부서지지 않을 것이 없다. 이렇게 한다면 다른 성가퀴에는 수비병이 붙어 있지 않더라도 단지 수십 명 정도의 인원이 포루를 지키면 적이 감히 접근하지 못할 것이다.

이는 사실 수비하는 데는 기가 막힌 방법으로, 제도는 비록 치제를 모방했으나 효과는 치제보다 훨씬 우수한 것이다. 적이 천 걸음 안으로 다가서지 못한다면, 성을 공격하는 데 쓰는 운제·충차[4] 같은 장비들도 모두 쓸모없이 되어버린다.

이 구상을 나는 우연히 생각해 내고는, 그때 즉시는 점을 보여 주기 위해서 행재소에 계신 임금께 아뢰고, 뒤에 경연에서도 여러 번 제안했다. 그리고 사람들에게 그것이 틀림없이 유용하다는 점을 보여 주기 위해서 1596년 병신년 봄에 서울 성의 동쪽 수구문 밖에다 적당한 곳을 잡아 돌을 모으고 성을 쌓기 시작했다. 그러나 채 완성되기도 전에 여러 가지로 반대 의견이 일어나 결국 포기하고 만들지 않았다.

----

4) 운제(雲梯)·충차(衝車): 두 가지 다 성벽에 접근하여 성을 공격하고 타넘고 들어가는 데 사용하는 병기

뒤에 혹시라도 나라의 장래를 깊이 생각하는 자가 있거든 나같이 신통찮은 사람의 말이라고 해서 무시해 버리지 말고, 이 제도대로 성을 쌓는다. 면적의 침략에 대비하는 방법으로는 꽤나 효과적일 것이다.

5 진주성과 포루

내가 안주에 있을 때 경상 우감사로 있던 나의 친구 김사순(김성일)이 편지를 보내왔다.

진주성을 중수하여 죽을 각오로 지킬 생각이네.

이전에 왜적이 한 번 진주성을 공격해 왔다가 패배하고 물러난 적이 있었으므로 나는 김사순에게 이런 내용으로 회답을 보냈다.

왜적이 조만간 반드시 보복하러 올 것이고, 온다면 또 대규모의 병력을 동원할 것이 틀림없네. 성을 지키기가 전보다 훨씬 어려울 터이니, 마땅히 포루를 세워 대비해야 뒤탈이 없을 것이네.

그리고 편지에다 그 구조까지 상세히 말해 주었다.

1593년 계사년 6월에 나는 왜적이 다시 진주성을 공격한다는 소식을 듣고 종사관 신경진에게 말했다.

"진주 사태가 매우 위태로운데 다행히 포루를 쌓아 두었다면 그런대로 버틸 수 있겠지만, 그렇지 않으면 지키기 어려울 것이야."

그런데 얼마 뒤, 합천에 내려가 진주성이 이미 함락되었다는 소식을 들었다.

단성 현감 조종도 역시 김성일의 친구다. 그는 나에게 그동안의 소식을 이렇게 전해 주었다.

자기는 작년에 김사순과 함께 진주에 있었다. 김사순은 나의 편지를 보고 아주 기가 막힌 계책이라고 감탄하면서 즉시 진영에 있던 친구 두어 사람과 성을 둘러보고 나서, 지형에 맞추어 여덟 군데에 포루를 세우기로 했다. 그래서 주민들을 독려해서 나무를 베어 강물에 띄워 내려오게 했는데, 주민들은 그 노역이 귀찮아서 불평했다.

"전에는 포루가 없이도 성을 지키고 적을 물리쳤는데, 새삼스럽게 뭣 때문에 사람을 괴롭히느냐?"

김사순은 이런 말을 묵살하고 계속 추진했다. 그런데 자재 준비가 끝나고 공사를 시작한 지 얼마 지나지 않아서 김사순이 그만 병으로 자리에 눕게 되어 끝내 일어나지 못하고 말았다. 따라서 그 일도 결국 흐지부지되고 말았다.

이 이야기를 하고 나서 우리는 함께 마음 아파했다.

아아! 김사순의 불행은 곧 온 진주성 백성의 불행이었다. 이는 진실로 운명이다. 사람의 힘으로 어쩔 수 있는 일이 아니다.

노후잡기 그 밖의 이야기들

6 훌륭한 장수의 중요성

임진년 4월에 왜적은 내륙의 고을을 연달아 함락해 오고, 아군은 풍문만 듣고도 달아나기 급급하여 적과 대항할 자가 아무도 없었다. 비변사의 신료들은 매일 같이 대궐에 모여 적을 막을 방법을 의논했으나 뾰족한 계책이 나오지 않았다.

"왜적은 창과 칼을 잘 쓰는데 우리에게는 이를 막을 만한 견고한 갑옷이 없기 때문에 대적하지 못합니다. 두꺼운 쇠로 온몸을 빈틈 없이 휩쌀 수 있는 갑옷을 만들어 입고 적진에 들어간다면 적이 찌를 틈이 없어서 우리가 이길 수 있습니다."

누군가가 이런 제안을 하자 모두 그 말이 옳다고 했다. 그리하여 대대적으로 대장장이들을 모아서 밤에도 쉬지 않고 쇠를 두들겨 갑옷을 만들었다. 그러나 나는 그건 좋은 방법이 아니라고 생각되어 이렇게 말했다.

"왜적과 전투할 때는 구름처럼 모였다가 까마귀처럼 흩어지기도 해야 하는데, 그러자면 동작이 민첩해야 합니다. 그런데 온몸을 두꺼운 쇠갑옷으로 감싸고서야 무게에 짓눌려 몸도 제대로 옮겨 가지 못할 터인데 어떻게 적을 죽이기를 바라겠습니까?"

이래서 며칠 만에 그런 갑옷은 쓰기 어려움을 알고서 그 안을 폐지했다. 또 대간들이, 대신들을 접견하고서 계책을 의논하도록 하시라고 임금께 건의를 하자, 그 가운데 한 사람이 몹시 흥분하여 대신들에게는 아무런 계책도 기대할 게 없다고 반대했다. 자리에 있던 사람들이, 그럼 어떤 계책을 가지고 있느냐고 물으니, 그 사람은 이렇게 대답했다.

"왜적이 올라오지 못하도록 한강 강가에다 높직한 시렁을 많이 만들어 놓고 그 위에서 내려다보면서 활을 쏘면 안 될 게 뭐 있느냐?"

"왜적의 총알도 올라오지 못할까?"

누군가가 이렇게 묻자, 그 사람은 아무 말도 못 하고 물러가 버렸다. 들은 사람들이 전해 가며 웃음거리로 삼았다.

아아! 전쟁의 판도는 항상 일정한 것이 아니고, 전투에는 고정된 전법이 있는 것이 아니다. 상황을 보아가며 그때그때 알맞은 전법을 구사하여, 때로는 전진하고 때로는 후퇴하며, 한꺼번에 들이치기도 하고 흩어져 싸우기도 해야 한다.

이렇게 기발한 전략을 계속 구사하는 것은 오직 장수에게 달린 일이다. 그렇기 때문에 천 마디 말, 만 가지 계획이 다 소용이 없고, 오로지 뛰어난 장수 한 사람을 얻는 것이 중요하다. 특히 조조가 말한 세 가지 계책은 더욱 중요해서 그중 한 가지도 빠뜨려서는 안 된다. 나머지 이런저런 의견들이야 무슨 도움이 되겠는가.

국가에서는 평상시에 장수를 선발해 두었다가 일단 일이 생기면 그에게 임무를 맡기는 법이다. 장수를 선발할 때에는 꼼꼼하게 평가하여 잘 골라 뽑는 것이 중요하고, 장수에게 임무를 맡길 때에는 전적인 권한을 주는 것이 중요하다.

당시 경상도 방어를 맡은 수군 장수는 박홍과 원균이었고, 육군 장수는 이각과 조대곤이었다. 이들은 애당초 장수감으로는 적합한 인물이 아니었는데다, 왜란이 일어난 뒤 순변사·방어사·조방장 등이 모두 조정에서 직접 명을 받고 갔다. 그들 모두가 독자적으로 결정할 수 있는 권한을 가지고 있었으므로 저마다 따로 명령을 내렸고, 군사들을 제멋대로 전진시키기도 하고 후퇴시키기도 하여 서로 간에 전혀 작전 통일이 이루어지지 못 했다. 그리하여 전쟁에서 반드시 피해야 할 금기 사항을 어기고 말았으니 일이 어떻게 성공할 수 있었겠는가?

평소 양성해 둔 인재는 다급한 순간에 쓸모가 없고, 쓸모 있는 인재는 평소에 양성해 두지 않으며, 장수와 사졸들이 서로 알지 못하는 것 등은 모두 병가에서 크게 금기하는 일인데, 그처럼 호된 경험을 하고서도 어찌하여 고칠 줄을 모르고 지금도 지난날의 잘못을 되풀이하고 있다는 말인가. 이렇게 하고서도 무사하기를 바란다면 단지 요행을 바라는 것일 뿐이다.

말을 하자면 얘기가 실로 길어서 한두 대목으로 다할 수 있는 것이 아니다. 어아! 위태롭구나.

7 임진강에 부교를 놓다

1593년 계사년 정월에 명나라 군사가 평양에서 출발하여 진군할 적에 나는 그 행군 대열을 앞질러 왔다.

당시 임진강의 얼음이 녹아서 그냥은 건널 수가 없었다. 그래서 제독 이여송이 연달아 사람을 보내 부교를 가설하라고 독촉해 왔다.

내가 금교역에 이르니, 황해도의 수령들이 명나라 군사의 식사를 준비하기 위해 수많은 백성을 들에 가득 거느리고 대기하고 있었다. 우봉 현령 이희원을 불러, 거느리고 있는 인원이 몇 명이나 되느냐고 물었더니, 거의 수백 명이 된다고 했다. 그에게 분부했다.

"빨리 고을 사람들을 거느리고 산에 가서 칡을 걷어 내일 임진강 어귀로 오시오. 늦어서는 아니 되오."

이 분부를 받고 이희원은 갔다.

이튿날 나는 개성부에서 묵은 뒤 다음 날 새벽에 임진강 북쪽 나루터의 덕진당에 달려가 보았다. 강의 얼음이 아직 완전히 녹지 않았는데, 얼음 위로 성엣장이 하반신에 찰 정도로 흐르고 있어 하류의 배들이 올라오지 못하고 있었다. 경기 순찰사 권징과 수사(水使) 이빈 장단 부사 한덕원과 창의 추의군(倡義 秋義軍) 천 명이 강에 모여 있었으나 모두 속수무책이었다.

나는 우봉현 사람들을 불러 준비해 온 칡을 가지고 굵기가 두어 위[1]

노후잡기 그 밖의 이야기들

정도 되도록 하여 강을 가로지를 수 있을 만큼 긴 동아줄을 꼬도록 명령했다. 그러고 나서 강의 남. 북 양쪽 기슭에 두 개씩의 기둥을 마주 보게 세우고, 그 안에 한 개의 가로대를 질러 놓고서 칡 동아줄 열다섯 가닥을 강에 가로질러 펴고, 두 끝을 양쪽 강기슭의 가로대에 각각 묶었다. 그러나 강이 워낙 넓어서 동아줄이 팽팽히 당겨지지 않고 중간 부분이 물에 잠겼다. 이를 보고 사람들은 쓸데 없이 힘만 뺐다고 언짢아했다.

나는 천여 명에게 각자 두세 자 정도 되는 짧은 막대기에 동아줄을 감아 몇 바퀴씩 힘껏 돌려 양쪽에서 팽팽하게 당기라고 했다. 그러자 동아줄이 빗질을 한 것처럼 고르게 쫙 일어났다. 이렇게 하여 모든 동아줄이 팽팽하게 당겨져 일어나 아주 그럴싸한 다리 꼴을 이루었다. 가는 버들을 베어다가 그 위에 깔고, 두껍게 풀을 덮고 나서 다시 흙을 위에 덮었다.

명나라 군사들이 당도하여 이를 보고 매우 좋아했다. 모두 채찍을 휘두르며 말을 달려 통과하고, 포차(砲車)며 군기(軍器)도 모두 이 다리로 건너갔다. 그런데 시간이 지나고 건너는 사람들이 불어날수록 동아줄이 늘어져 강물에 닿으려 했다. 그래서 나머지 대군은 얕은 여울을 통해 강을 건너게 되었지만 제독은 별달리 책망하지 않았다.

---

1) 위(圍): 1위는 5촌.

생각해 보니, 그때는 갑작스러워 칡을 많이 준비하지 못 했는데, 그보다 배로 준비해서 동아줄을 서른 가닥쯤 만들었더라면 보다 더 팽팽하게 할 수 있어서 늘어지지 않았을 것이다.

나중에 『남북사(南北史)』를 보고 이런 방법이 예전부터 있어 왔던 것임을 알게 되었다.

북제(北齊)의 군사가 후량(後梁)을 침공했을 때 소규[2]가 북주(北周)의 총관(總管) 육등(陸騰)과 함께 이를 막았는데, 그때 북주 사람들이 좁은 강 어귀에 안촉성(安蜀城)을 쌓고, 강 위로 동아줄을 가로지르고 갈대를 엮어 다리를 만들어서 군량을 수송했다는 기록이 있었다.

내가 고안해 낸 방법 바로 그것과 똑같았다.

옛사람들이 이미 이 방법을 사용한 줄을 모르고 내가 우연히 생각해낸 것이라 스스로 여겨 온 것이 우습다. 그러나 그 일을 기록해 두어 이다음 갑작스러운 난관이 생겼을 때 대응하는 데 도움이 되게 하는 바이다.

---

2) 소규(蕭巋): 후량의 명제.

8 명군의 군사 훈련

.

1593년 계사년 여름에 나는 병이 들어 서울 묵시동에 누워 있었다. 하루는 명나라 장수 낙상지(駱尙志)가 내 처소로 찾아와 아주 간곡히 문병하고 나서 이런 제의를 했다.

"조선은 지금 힘이 미약한데 왜적은 아직도 강토 안에 있으니, 군사를 훈련시켜 적을 막는 것이 가장 급선무일 것입니다. 우리 명나라 군사가 아직 본국으로 돌아가지 않고 있는 이 기회에 군사 훈련법을 배우는 게 좋겠소. 한 사람이 배워 열 사람에게 가르쳐 주고, 열 사람이 배워 백 사람을 가르친다면 수년 사이에 모두 정련된 병졸이 되어 나라를 지킬 수 있을 것이오."

나는 이 말에 감동되어 즉시 행재소로 장계를 올려 보고하고는 데리고 다니던 금군(禁軍) 한사립을 시켜 서울 성안에서 군사를 불러 모으게 했다. 그리하여 70여 명을 모아 낙상지의 처소로 가서 훈련시켜 줄 것을 요청했다. 낙상지는 자기가 거느린 장졸 중에서 진법(陣法)을 잘 아는 장육삼(張六三) 등 10명을 뽑아 교사로 보내 주었다. 그들은 밤낮으로 창검과 낭선(狼筅) 등의 무기 쓰는 기법을 훈련시켰는데 얼마 뒤에 내가 남쪽으로 내려가게 되자 그 일도 곧 흐지부지되었다.

그런데 얼마 후 임금께서 내가 올린 장계를 보시고 비변사에 명하여 별도로 도감1)을 설치하여 군사들을 훈련시키게 하고, 육두수에게 그 일을 맡겼다. 그해 9월에 나는 부름을 받고 행재소로 가다가 해주에서 임금 행렬을 만나 모시고 함께 서울로 돌아왔다. 연안에 이르렀을 때 다시 나에게 도감의 일을 맡아보라는 왕명이 내렸다.

당시 서울은 기근이 극심했다. 나는 용산창(龍山倉)의 좁쌀과 쌀 1천 섬을 풀어서 이 훈련을 받을 경우 한 사람에게 하루 두 되씩 지급하도록 했다. 그러자 응모자가 사방에서 모여들었다. 이에 도감 당상(都監堂上) 조경이 제안했다.

"곡식이 부족하여 무제한으로 지급할 수 없으니 일정한 기준을 정해서 제한하는 것이 좋겠습니다."

그래서 응모자들에게 먼저 큼직한 돌덩이를 들게 하여 체력을 시험하고, 다시 한 길 높이의 흙담을 뛰어넘게 하여 시험에 통과하는 자만 훈련을 받게 하고, 그러지 못한 자는 탈락시켰다. 그런데 모두가 굶주리고 지쳐 기운이 없는 터라 시험에 합격하는 자는 불과 열에 한두 명 정도였다. 더러는 시험을 보러 왔다가 미처 응시하기도 전에 도감의 문밖에서 쓰러져 죽어 가기도 했다. 아무튼 오래지 않아 수천 명에 가까운 인원을 선발하여 파총2)과 초관3)을 세워 부를 나누어 통솔하게 되었다.

---

1) 도감(都監): 나라에 큰일이 있을 때 그 일을 맡아보게 하기 위하여 임시로 설치하는 관청.
2) 파총(把摠): 각 군영(軍營)의 종4품 무관 벼슬.
3) 초관(哨官): 각 군영에서 군대 1초를 거느리는 위관. 종9품. 1초는 1백 명 정도임.

노후잡기 그 밖의 이야기들

또 조총 쏘는 법을 가르치려 했으나 화약이 없었다. 마침 군기시(軍器寺) 소속의 장인인 대풍손이란 자가, 적진에 들어가 적을 위해 화약을 제조해 준 죄로 적 포로와 함께 강화에 갇혀 곧 사형당할 처지에 있었다. 나는 특별히 그의 죄를 용서해 주고, 그에게 화약을 제조하여 속죄하게 하였다. 그는 감격스럽기도 하고 겁도 나서 힘껏 화약을 제조하여 하루에 몇십 근씩이나 되는 화약을 만들었다. 이것을 매일 각 부에 나누어 주어 주야로 발사하는 법을 익히게 하고, 성적에 따라 등급을 매겨 잘한 사람에게는 상을 주고 성적이 나쁜 사람에게는 벌을 내렸다. 이렇게 훈련시킨지 달포 남짓 지나자 날아가는 새도 맞힐 수 있게 되었다. 몇 달 뒤에 투항한 왜병과 중국 남방출신의 군사 중에 조총을 잘 다루는 자들과 시합을 붙여 보았더니, 그들에 뒤지지 않을 뿐 아니라 더러 그들보다 뛰어난 자도 있었다.

나는 간략한 상소문을 올려 임금께 제안했다.

"군량을 마련하여 군병 1만 명을 모집하고 다섯 개 영으로 나누어 한 개 영에 2천 명씩 배속시켜 매년 그 반수는 서울에 남아 있으면서 훈련을 받고, 그 반수는 성 밖에 나가서 놀고 있는 널찍하고 기름진 땅을 골라 둔전(屯田)을 하여 곡식을 비축하게 하소서. 이렇게 번갈아 훈련을 쌓아 나가면 수년 뒤에는 군량의 공급원이 두터워지고 근본이 견고하게 될 것입니다."

임금께서는 나의 건의를 병조에 내려보내 검토하게 했으나 즉시 시행하지 않아 끝내 이루어지지 못 했다

9 심유경의 편지

심유경(沈惟敬)은 평양에서부터 적중에 드나들며 나름대로 애를 쓰긴 했다. 그러나 그는 강화를 내세웠기 때문에 우리나라에서는 그다지 좋아하지 않았다. 왜적은 마지막으로 부산에 머무르며 오랫동안 바다를 건너가지 않고 있는 가운데 책봉사(冊封使) 이종성이 적중에서 도망해 돌아왔다. 그러자, 명나라 조정에서는 심유경을 부사(副使)로 임명하여 정사 양방형과 함께 왜국으로 들어가게 했으나[1] 끝내 아무런 성과도 얻지 못하고 돌아오고, 고니시 유키나가와 가토 기요마사 등은 도로 남쪽 해안지방에 돌아와 주둔하기에 이르렀다.

이러자 명나라와 우리나라에서는 떠들썩하게 여론이 일어나고, 그 책임을 모두 심유경에게로 돌렸다. 심지어는 심유경이 왜적과 공모해서 배반할 기색이 있다는 말까지 나오기도 했다.

우리나라의 승려 송운[2]이 서생포의 적진에 들어가 청정을 만나보고 돌아와, 왜적은 명나라를 침범하려 하고 있고, 말하는 투가 패

---

1) 명나라 조정에서는 ~ 들어가게 했으나: 본래 도요토미 히데요시를 일본 국·왕으로 책봉해 주기 위해 명나라 조정에서 이종성을 상사로, 양방형을 부사로 임명하여 파견했으나, 이종성은 왜국으로 가던 도중 부산에 있는 왜의 진중에서 머물다가 의구심이 나서 도망쳐 돌아왔다. 이에 명나라 조정에서는 양방형을 상사로, 심유경을 부사로 재임명하여 왜국으로 가게 했다.
2) 송운(松雲): 사명대사.

악하기 짝이 없더라고 말했다. 우리나라에서는 즉시 그 내용을 명나라 조정에 자세히 보고했다. 이 내용을 들은 사람들은 더욱 분노하고 있었다.

심유경은 자신에게 화가 미칠 것을 짐작하고 근심과 두려움에 떨며 어찌할 바를 몰라, 김명원에게 편지를 보내어 그동안 있었던 일을 자세히 서술하여 자신의 입장을 밝혔다.

　세월은 빨라, 지나간 일들이 어제 일같이 느껴집니다.

　지난날 왜적이 귀국의 강토를 침범하여 곧바로 평양까지 진격했을 때 그들의 안중에 이미 조선 8도는 없었습니다. 이때에 이 늙은이가 황제의 명을 받들고 왜적의 속사정을 탐색하고 저들의 움직임을 보아가며 다독여 왔습니다. 그 혼란 중에서 귀하[3]와 이 체찰사[4]를 만났던 것입니다.

　당시 평양 서쪽 지방 주민들은 당장이라도 적이 들이닥칠지 모르는 다급한 상황에서 이리저리 떠돌며, 송곳방석에 앉은 듯한 고통과 불안에 시달렸습니다. 저는 그런 참상을 목격하고서 여간 마음이 아프지 않았습니다. 귀하는 몸소 그 일을 겪었기 때문에 이 늙은이의 구구한 이야기를 듣지 않아도 이미 다 아시는 일일 것입니다.

3) 귀하: 김명원을 가리킴.
4) 이 체찰사(李體察使): 이원익.

저는 글을 보내 고니시 유키나가를 불러 평양의 건복산에서 만나, 그에게 더 이상 서쪽으로 침범해 오지 않을 것을 약속받았습니다. 그들은 약속을 받들어 감히 어찌하지 못한 채 두어 달을 넘겼으며, 그러는 동안에 명나라의 대군이 도착하여 평양에서의 승리를 이루었습니다. 만약 그때에 제가 오지 않았고 왜적이 조공5)의 패배를 기회로 뒤따라왔던들 의주(선조가 피난해 있었음)도 어떻게 되었을지 알 수가 없습니다. 평안도의 주민들이 고통을 입지 않았던 것은 귀국에게는 이루 말할 수 없는 다행이었습니다.

　　얼마 뒤 왜장 고니시 유키나가는 서울로 물러나 지키고, 총병 우가타 히데이에6)의 막하 장수인 이시다 마쓰나리7)·마시타 나모리8) 등 30여 왜의 장수가 병력을 합하고 진영을 연이어 중요한 요새들을 장악하여, 견고한 형세를 이루고 있어 깨뜨릴 수가 없었습니다. 벽제 전투 이후 진격은 더욱 어려워졌습니다. 그때에 판서 이덕형이란 이가 개성에서 이 늙은이에게 울면서 호소했습니다.

　　"적세가 이렇게 확장되어 있는데 명나라의 대군조차 물러간다면 서울을 되찾을 가망은 아주 없어질 것입니다."

---

5) 조공: 조승훈을 가리킴.
6) 우가타 히데이에: 우희다수가(宇喜多秀家).
7) 이시다 마쓰나리: 석전삼성(石田三成).
8) 마시타 나가모리: 증전장성(增田長盛).

노후잡기 그 밖의 이야기들

그러고는 다시 말했습니다.

"서울은 근본이 되는 곳인데 이곳을 되찾아야 전국 각 도를 지휘할 수가 있습니다. 그런데 지금 사정이 이 지경에 이르렀으니 앞으로 어떻게 해야 좋겠습니까?"

"서울을 수복하더라도 한강 이남의 여러 도를 찾지 못한다면 사정은 역시 나아질 게 없을 터인데요."

내가 이렇게 묻자 이덕형은 대답했습니다.

"서울을 되찾는 일만 해도 우리로서는 실로 이루기 어려운 일입니다. 한강 이남은 우리나라 사람들끼리 자체적으로 대처할 수 있으리니, 버티어 나가기가 어렵지 않을 것입니다."

"내가 한번 당신네 나라를 위해 서울을 수복하도록 노력해 보겠소. 아울러 한강 이남의 여러 도까지 수복하고, 나아가 왕자와 신하들까지 송환되어서 바야흐로 국가가 온전하게 되도록 해보겠소."

내 말에 이덕형은 머리를 조아리고 감격하며 말했습니다.

"과연 그렇게만 된다면 대인께서 우리나라를 다시 일으켜 세워 준 그 공덕은 얕지 않을 것입니다."

그 뒤 얼마 되지 않아 저는 한강에 배를 대고 있었습니다. 그때 왕자 임해군 등이 가토 기요마사의 진영에 잡혀 있으면서 인편에 전갈을 보내왔습니다.

"내가 돌아갈 수만 있다면, 한강 이남은 어느 지역이든 원하는 대로 왜에게 주겠소."

그러나 저는 이 말에 따르지 않았습니다. 그리고 왜의 장수에게 결연히 선언했습니다.

"왕자와 조선의 신하들을 돌려보내고 싶거든 돌려보내고, 돌려보내고 싶지 않거든 당신네들 마음대로 죽이시오. 그 밖에 딴 말은 필요치 않소."

왕자라면 귀국의 왕위를 이을 사람이니 얼마나 귀한 분인지 제가 어찌 모르리오마는, 그때로서는 차라리 죽이라고 큰소리치더라도 다른 것은 양보하고 싶지 않아서였습니다. 나중에 왜적이 부산으로 물러가서는 선물을 드리고 예의를 깍듯이 차리며 여러 방면으로 왕자에게 간곡한 성의를 보였으니, 앞서는 거만했으나 나중에는 공손하게 되었던 것입니다. 때에는 완급이 있고 일에는 경중이 있으나 부득이해서 그렇게 했던 것입니다.

저의 두어 마디 말끝에 왜적은 서울에서 물러갔고, 연도의 영책과 두고 간 양곡은 이루 셀 수 없이 많았습니다. 나아가 한강 이남의 여러 도를 모두 수복하게 되었고, 왕자와 귀국의 신하들도 돌아왔습니다. 그리고 마침내 책봉 문제 하나를 가지고 여러 왜장을 옭아매어 외진 해변 땅 부산에서 손을 거두어들이고 이쪽의 명을 기다려 3년을 보내며 감히 망동하지 못하게 만들었습니다. 이어서 책봉 문제에 대한 의논이 결정되어, 이 늙은이가 명을 받들고 타결하러 왜국으로 가게 되었습니다. 그때 서울에서 다시 귀하와 이덕형을 만나서 물었습니다.

노후잡기 그 밖의 이야기들

"이번에 왜국에 가서 책봉을 해주면 왜적이 아마 물러가게 될 것 같은데, 귀국의 뒷수습 계책은 어떠하시오?"

이덕형은 그때 지체 없이 대답했었습니다.

"뒷수습 문제는 우리나라 군신이 책임질 터이니, 대인께서는 염려하시지 않으셔도 됩니다."

처음 그 말을 듣고는 아닌 게 아니라 그가 대단한 역량과 대단한 견식을 가져 나라의 대들보가 될 만한 인재라고 내심 찬탄했었습니다. 그러나 지금 와서 사실을 따져 보니 말과 실천이 부합하지 않음을 깨닫게 되었습니다. 이 점 저는 이 판서[9]에 대해 아쉽게 생각하지 않을 수 없는 바입니다.

부산과 죽도에 있던 왜적의 부대가 즉시 철수한다는 소식이 들려오지 않는 것은 이 늙은이의 책임입니다. 그러나 기장·서생포 등지에서는 왜병이 깡그리 건너갔고, 그들의 영책(營柵)도 모두 불살라져서, 그 지역 지방관들에게 수복지의 인수인계가 완료되어 모두 감결[10]을 두기로 했었는데, 어찌하여 가토 기요마사가 한 번 다시 건너오자, 싸움 한 번 하지 않고 화살 하나 꺾지 않고, 지방관은 몸을 빼 땅을 양보하고 말았습니까? 이미 "한강 이남은 자체적으로 대처하여 버티어 나

---

9) 이 판서(李判書): 이덕형.
10) 감결(甘結): 행위의 진실성을 서약하여, 그렇지 않을 경우 어떠한 벌책도 감수하겠다는 다짐을 한 관공 문서. 또는 우리나라에서 상급 관아에서 하급 관아에 보냈던 공문을 말하기도 함.

갈 수 있다"고 말하고 나서 어찌하여 이 꼴로 이미 수복한 땅을 도로 잃게 되었습니까? 또 "뒷수습 문제는 우리가 책임지겠다"고 말해 놓고서 어째서 웅대한 계책은 들려오지 않고, 고작 궐하11)에 가서 울부짖기만 하는 그 한 가지 방책뿐입니까? 병법에 힘이 약한 자는 강자와 맞설 수 없고, "적은 병력으로 많은 적에 대처할 수 없다"고 했기에, 저도 귀국의 당사자 여러분에게 곤란한 일을 굳이 책임 지우자는 것은 아닙니다. 다만 말하건대, 사태가 완화되어 있을 때에는 근본 문제를 다스리고, 급박하게 되었을 때에는 당면 문제를 다스려, 군사를 훈련시키고 수비를 강구하며, 때를 살펴 어루만져 다스려야 하는 문제는 귀국의 당사자 여러분에 대해서도 책임을 물을 수밖에 없다는 것입니다.

바다를 건너온 이래로 저는 네 차례나 귀국의 왕과 만났습니다. 서로 간에 주고받은 말은 가슴속 진심에서 나왔고, 당시 사정에도 합당했습니다. 조금도 거짓이 없었으며, 조금도 허망과 오류가 없었습니다. 국왕의 마음과 이 늙은이의 마음이 피차에 밝게 알려졌습니다. 그래서 이 늙은이는 진실로 조선의 일이 이제는 달리 염려할 것이 없겠다고 했었습니다. 그러나 생각지도 않게 귀국의 모략을 꾀하는 자들이 온갖 기지를 생각해 내고, 별별 공작을 차례로 꾸며 내어, 안으로는 위태로운 말로 천조12)로 하여금 왜에 대한 분노심을 격발케 하고,

---

11) 궐하(闕下): 명나라 조정을 의미.

밖으로는 약한 군졸을 가지고 일본에 대해 도발을 행했던 것입니다.

송운의 말은 또 예법(禮法)의 테두리에서 벗어난 것입니다. 그는 가토 기요마사가 "너희를 앞세워 명나라를 치겠다.", "8도를 할양하고, 국왕이 몸소 바다를 건너와 항복하라"고 말했다는 등, 잠깐 사이에 말을 두세 가지로 늘렸습니다. 이런 말로써 국왕의 생각을 움직이게 할 수 있고, 천조를 격발시켜 병력을 발동케 할 수 있다는 것만을 알 뿐, 귀국의 강토가 8도 밖에 없어서 만약 이를 다 주기로 허락하고, 국왕이 몸소 바다를 건너 항복하는 것까지 허락한다면 귀국의 종묘사직과 신민들이 모두 일본이 될 터인데, 그들이 무엇 때문에 다시 두 왕자가 직접 와서 사례하라고 요구했겠는가13) 생각하지 못 했단 말입니까? 저는 삼척동자도 결코 이렇게까지는 실언을 하지 않으리라 생각하며, 청정이 비록 멋대로 굴기는 하지만 또한 이렇게까지 방자하게 굴지는 않았으리라고 생각합니다.

또 생각하지 못 했단 말입니까, 우리 당당한 천조가 외지의 제후국을 통하는 데에는 본래 뚜렷한 기준이 있어서, 한 번 은덕을 베풀고 한 번 위엄을 보이는 것도 그 때에 따라 하며 기필코 수백 년 전해 받아온 속국을 내버려 두지는 않을 것이며, 또한 약속을 받들지 않는

---

12) 천조(天朝): 명나라 조정을 의미.
13) 그들이 다시 ~ 사례에게 요구했겠는가: 심유경 등이 책봉사로 일본에 갔을 때, 풍신수길은 포로가 되었던 조선의 두 왕자를 풀어 준 데 대해 그들이 직접 와서 사례를 해야 한다고 요구한 적이 있었다.

역적14)이 우리의 제후국을 노략질하도록 내버려 두지는 않을 것이 당연한 사리라는 것을.

귀하는 핵심을 깊이 인식하고 국사를 자세히 알고 있기에 이 편지를 보냅니다. 바라건대 귀하는 나의 진심을 이해하시어 즉시 위로 국왕께 아뢰고, 아울러 여러 일을 맡은 신하들에게도, "명나라에 의지하는 것이 만전의 계책이다"고 이미 말했다면 의당 이쪽의 처분대로 따라서 그지없는 복을 바랄 것이요, 부질없이 그릇된 계책으로 수고롭기만 하고 결과적으로 군색하게 되지 않도록 해야 한다는 이치를 알도록 해 주십시오.

할 말은 많으오마는 이만.

이 편지를 보면 왜적이 서울에 있을 때까지의 일에 대한 사연은 앞뒤가 분명하게 맞아 들어가지만, 왜적이 부산으로 물러난 이후의 일에 대한 사연은 지루하고 모호했다. 그러나 공과 죄를 서로 덮어 가릴 수는 없다. 후일 심유경을 평가하는 사람은 마땅히 이 편지로 옳고 그름을 판단해야 할 것이다. 그래서 여기에 수록해 두는 것이다.

---

14) 역적(逆賊): 여기서는 '왜'를 지칭.

10 뛰어난 외교가 심유경

심유경은 말솜씨가 뛰어난 외교적 인물이다.

평양 전투 뒤에 다시 적중에 들어간다는 것은 보통 사람으로서는 어려운 일이다. 그런데 그는 마침내 무력을 쓰는 대신 말솜씨로 수많은 왜적을 몰아내고 수천 리 땅을 수복했다. 다만 끝판에 한 가지 일이 어긋나서 그는 큰 화를 면하지 못 했으니 애석한 일이다.

고니시 유키나가는 심유경을 가장 믿었을 것이다. 그가 서울에 있을 때에 심유경은 고니시 유키나가에게 비밀리에 이런 말을 했다.

"너희들이 이곳에 오래 머물러 있고 물러가지 않으면 우리 명나라에서 다시 대군을 동원하여 서해를 건너 충청도로 상륙해 들어와 너희들의 귀로를 차단할 것이다. 이때에는 비록 돌아가고 싶어도 돌아갈 수가 없이 될 것이다. 내가 평양에서부터 너와는 정이 들었기 때문에 차마 말하지 않을 수가 없다."

이러자 고니시 유키나가는 겁이 더럭 나서 드디어 서울에서 나갔다.

이 일은 심유경 자신이 우상(右相) 김명원에게 말해 준 것으로, 김우상이 다시 나에게 전해 주었다.

징비록 해설과 류성룡 연보

징비록 해설

- 임진왜란 비극의 산 증언

『징비록(懲毖錄)』은 임진왜란이라는 우리 역사에 그 유례가 흔치 않은 일대 국난(國難)의 시기에 영의정·도제찰사(都提察使) 등 막중한 책임을 맡아 구국(救國)에 진력했던 서애(西厓) 류성룡(柳成龍)의 임진왜란이 끝난 뒤 회고록이다.

난중에 임금에게 올린 보고·건의서, 관계 기관이나 직임(職任)들에게 보냈던 지시·전달문 등을 『근포집(芹曝集)』·『진사록(辰巳錄)』·『군문등록(軍門謄錄)』으로 묶어 첨가하여 『녹후잡기(錄後雜記)』를 제외하고도 16권이라는 방대한 양으로 꾸민 것이 『징비록』이라는 이름 아래 이루어진 원전의 면모이나, 여기에 번역된 2권과 『징비록』·『녹후잡기』가 임진왜란 후에 의도적으로 집필된 순수한 의미의 『징비록』, 즉 『징비록』의 핵심 부분이다.

저자 류성룡은 주지하듯이 학봉(鶴峯) 김성일(金誠一)과 함께 퇴계(退溪) 이황 문하의 쌍벽적 존재로, 그는 성리학자로서보다 탁월한 경세가(經世家)로서의 자질과 업적을 남긴 사람이다. 온갖 직책을 두루 역임하고 임진왜란 중 도체찰사, 전라·충청·경상도 3도 도체찰사를 거쳐 5년간을 영의정으로, 또 경기·황해·평안·함경 4도 도체찰사를 겸임하면서 구국 일념으로 난중의 국가 주요정책을 수행해 오다 왜란이 끝나기 1개월 전에 정적(政敵)의 모함과 반격을 받아 관작을 삭탈당하고 고향인 경상도 하회(河回)에 낙향하여 독서와 저술에 침잠하면서 불우한 만년을 보내게 되었는데, 『징비록』은 바로 이 시기에 저술된 책이다.

『징비록』은 그러나 저자의 불우한 만년의 무료를 달래기 위한 파한(破閑)의 필(筆), 그것은 아니다. 저자의 자서(自序)에 서술되어 있는, 지나간 잘못은 징계하여 후환을 조심한다는 뜻의 「징비(懲毖)」라는 책 이름이 말해 주듯이 임진왜란의 쓰라린 경험을 거울삼아 다시는 그 같은 민족의 수난이 되풀이되지 않도록 후세에 경계를 주려는 민족적 염원의 충동이 산출시킨 책이다. 다시 말하면 국가적으로나 저자 개인적으로도 전란의 소용돌이에서 벗어난 시점에 놓임으로써, 더구나 만년의 생애에 관직조차도 빼앗긴 국외(局外)의 처지에 놓임으로써 저자는 난중의 일들을 담담히 회고·관찰할 수 있는 객관의 거리, 냉정한 사안(史眼)을 가지게 되었고, 여기에 위와 같은 염원이 결합되어 나오게 된 책이다.

임진왜란 발발 직전의 왜(倭)와의 관계에서부터 이순신(李舜臣)의 전사에 이르기까지 67건의 사실을 대체로 연월(年月)의 선후에 따라 2권으로 나누어 기술하고, 다시 11건의 사실을 『녹후잡기』로 붙인 이 책은, 그러므로 모두 78건의 사실의 대부분이 성공보다는 실패, 영광보다는 치욕, 밝은 면보다는 어두운 면에, 그리고 허여(許與)보다는 비판(批判) 쪽에 치우쳐 있다. 임진왜란의 실상을 실상대로 직시하고 가리움 없이 적나라하게 벗겨 보임으로서 민족의, 특히 지

배층의 반성을 촉구하려는 저자의 의도가 약여히 드러나 있음을 볼 수 있다.

7년에 걸친 대전란을 치르고 난 뒤의 회고록치고 양적으로 그리 방대한 편은 못 되는 것이 사실이다. 그러나 전쟁 수행의 구심점에 있었던 저자의 폭넓은 체험과 문견이 요령 있게 정리되어 임란의 실상이 그 대국(大局)의 추이와 세절(細切)의 동태에 이르기까지 유감없이 잘 구현되어 있다. 가령 조(朝)·명(明)·왜(倭)의 국제관계적 동향에서부터 전국(戰局)의 전개 양상, 조신(朝臣)·무장(武將)들 사이 인간관계의 미묘한 기복, 국지(局地) 전투 현장의 생생한 실황, 그리고 민중의 동태와 참상 등에 이르기까지 임진왜란의 면모가 입체적으로 드러나게 기술되어 있다. 그래서 이 책은 당시의 국제·국내의 정치 등향, 국내외 경제·사회의 형편 등을 추적해 볼 수 있는 다면적 가능성을 보유하게 된 것이다.

이동환

류성룡 연보

1542년(중종 37년)	음력 10월 경상도 의성현 사촌리에서 아버지 유중영과 어머니 안동 김씨의 둘째 아들로 태어남. 자 이현, 호 서애·운암.
1557년(명종 12년)	향시(鄕試)에 합격.
1558년(명종 13년)	전주 이씨 이경의 딸과 결혼.
1562년(명종 17년)	경상도 도산으로 가서 퇴계 이황 선생의 제자가 됨.
1563년(명종 18년)	진사생원(進仕生員) 동당초시(東堂初試)에 합격.
1564년(명종 19)	생원 회시와 진사시에 합격.
1565년(명종 20년)	태학(성균관)에 입학하여 수학함.
1566년(명종 21년)	별시 문과에 병과로 급제. 승문원권지부정자가 됨.
1567년(명종 22년)	정자를 거쳐 예문관검열로 춘추관기사관을 겸직함.
1568년(선조 1년)	대교에 임명됨.
1569년(선조 2년)	전적·공조좌랑을 거쳐 감찰로서 성절사(聖節使)의 서장관(書狀官)이 되어 명나라에 갔다가 이듬해 돌아옴.

징비록 해설과 류성룡 연보

1571년(선조 4년)	퇴계 선생의 장례에 참석. 병조좌랑(兵曹佐郞)이 됨. 가을, 낙동강 서쪽 언덕에 서당을 지으려 하였으나 터가 좁아 포기함. 여기에서 '서애(西厓)'라는 호가 유래함.
1572년(선조 5년)	홍문관 수찬(弘文館修撰)이 됨.
1573년(선조 6년)	이조좌랑에 임명됨. 아버지 사망.
1576년(선조 9년)	사간원헌납에 임명됨. 다시 사헌부장령에 임명됨.
1578년(선조 11년)	사간에 임명됨.
1579년(선조 12년)	직제학, 동부승지, 지제교로 경연참찬관, 춘추관 수찬을 겸직함.
1580년(선조 13년)	이조참의를 거쳐 특명으로 상주목사에 임명됨.
1581년(선조 14년)	홍문관 부제학에 임명됨.
1582년(선조 15년)	대사간·우부승지·도승지를 거쳐 대사헌에 승진함. 왕명을 받고 『황화집서(皇華集序)』를 지어 올림.
1583년(선조 16년)	홍문관 부제학에 재임명됨.
1584년(선조 17년)	왕명으로 『문산집(文山集)』 서문을 지음.
1585년(선조 18년)	왕명으로 정충록(精忠錄) 발문(跋文)을 지어 올림.
1586년(선조 19년)	『포은집』을 교정함.
1587년(선조 20년)	퇴계선생의 문집을 편차(編次)함.

1588년(선조 21년)	양관대제학에 오름.
	10월 형조판서에 임명됨.
1589년(선조 22년)	사헌부 대사헌에 임명됨, 부인 이씨 사망.
1590년(선조 23년)	우의정에 승진, 광국공신(光國功臣) 3등에 녹훈되고 풍원부원군(豊原府院君)에 봉해짐.
1591년(선조 24년)	우의정으로 이조판서를 겸하고, 이어 좌의정에 승진해 역시 이조판서를 겸함.
1592년(선조 25년)	4월 13일 일본이 대거 침입하자, 병조판서를 겸하고 도체찰사로 군무(軍務)를 총괄함. 이어 영의정이 되어 왕을 호종(扈從)함. 평양에 이르러 나라를 그르쳤다는 반대파의 탄핵을 받고 면직됨. 의주에 이르러 평안도도체찰사가 됨.
1593년(선조 26년)	1월 평양성 탈환. 영의정에 임명됨.
1594년(선조 27년)	훈련도감이 설치되자 제조(提調)가 되어 『기효신서(紀效新書)』를 강해(講解)함.
1595년(선조 28년)	경기·황해·평안·함경의 4도 도체찰사에 임명됨.
1596년(선조 29년)	군사를 훈련시키는 규칙을 정하여 각 도에 내려 보냄.
1597년(선조 30년)	임금의 명으로 경기 지방을 순찰함.
1598년(선조 31년)	10월 북인들의 탄핵으로 영의정에서 파직됨.

징비록 해설과 류성룡 연보

12월 모든 관직이 취소되는 삭탈관직(削奪官職)을
당함.

1599년(선조 32년)   경상도 안동 하회로 돌아옴.

1600년(선조 33년)   『퇴계 선생 연보』를 초(抄) 함.

1601년(선조 34년)   어머니 김씨 사망.

1602년(선조 35년)   『신종록(愼終錄)』·『영모록(永慕錄)』·『상례고증
(喪禮考證)』을 지음.

1603년(선조 36년)   호종훈(扈從勳) 2등에 등록됨.

1604년(선조 37년)   관직이 복구되고 호성공신(扈聖功臣) 2등으로 다
시 풍원부원군에 봉해짐. 관직에 나가지 않고 고
향에서 『징비록』 등의 책을 지음.

1607년(선조 40년)   음력 5월 6일, 66세를 일기로 농환재에서 사망함.